ビジネス特急こだまプロジェクト秘史

KODAMA

福原俊一

河出書房新社

ビジネス特急こだま プロジェクト秘史◉もくじ

3章 ビジネス特急の新技術

4章 上々の前人気と嵐の舞台裏

9章　その後のこだま形電車

装幀◉こやまたかこ
カバー写真◉星晃（撮影）

プロローグ

昭和39（１９６４）年10月に開業し、東京と新大阪を２時間20分台で結ぶ東海道新幹線は、高速電車の代表的存在である。東海道メガロポリスの時間的距離を縮め、１日行動圏に変貌させただけでなく、フランスのＴＧＶやドイツのＩＣＥなど世界各国に高速鉄道を誕生させる起爆剤となった鉄道高速化の功績は広く知られる通りである。

しかし、東海道新幹線が開業する６年前の昭和33（１９５８）年11月に東京〜大阪間の日帰りを実現させ、人々に新幹線が登場したとき以上のスピード感と強烈なインパクトを与えた特急電車が東海道本線に登場した。

公募により決定された列車愛称名にちなんで「こだま形」と呼ばれるようになったその電車は、従来の機関車牽引《けんいん》の特急列車よりも格段に優《すぐ》れた性能と静かで快適な乗り心地を示し、スピード感あふれる優美なデザイン、冷房装置や完全電化されたビュフェなど時代を一歩先取りした設備、ビジネス特急という斬新《ざんしん》なネーミングとあいまって爆発的人気を持って迎えられた。

国鉄が国内旅客輸送シェアの半数を担《にな》い、社会的には戦後の復興から高度経済成長に転換を遂げた時代、人々はこの電車に豊かさと希望に満ちあふれる明日を感じたのである。

ビジネス特急こだまの成功は、狭軌《きょうき》であることなど地上設備が諸外国に比べて貧弱な日本の鉄道でも電車列車を使用すれば高速運転が可能なことを実証し、鉄道の利便性を人々に知らしめた。と同時に日本の鉄道を明治年間以来の蒸気機関車を前提としたシステムから電車列車などの動力分散方式を主体としたシステムに変革させる、つまり１５０年の歴史を誇る日本の鉄道において、「汽車」を「電車」に変えるという一大イノベーションを成し遂げた。

新幹線の生みの親として知られる島秀雄《しまひでお》技師長が「鉄道人生のなかで一番うれしかったのは『こだま』が運転を開始したときだった。あれは本当に苦労して作った。新幹線はその考えを延長したようなものだから」と語っているように、「こだま」の成功がなければ新幹線の実現も不可能で、昭和30年代初頭に巷間《こうかん》で囁《ささや》かれていた「鉄道は斜陽産業」などという風評が現実になってしまう恐れもあったのである。

しかし「こだま」の運転が実現するまでの道のりはけっして平坦ではなかった。東海道本線全線電化が完成した昭和31（１９５６）年当時の中長距離列車は機関車牽引列車が常識で、それまでの電車は騒音が大きくて乗り心地が悪く、長距離

運転には不向きとされていた。

従来の電車の欠点を新技術で克服し、本来の長所である高速性・機動性を活かして、機関車牽引の列車では不可能だった東京～大阪間、1日1往復の特急列車を運転する……。1人の指導者の信念が、国鉄部内で「弱小民族」と呼ばれた電車屋を中心にビジネス特急の運転に向けたプロジェクトをスタートさせた。

電車反対論者の抵抗も根強かったが、関係者の熱意は多くの難関を克服し、終戦後の荒廃で立ち遅れていた車両技術面・設備面で先進諸外国に肩を並べる特急電車を実現させた。

＊

国鉄民営化から30年以上が経過し、1

東京駅14番線で発車を待つ下り「第2こだま」。隣の15番線は「第2こだま」の5分後に発車する長崎行き特急「平和」。ビジネス特急を一目見ようと集まった見物人でホームはあふれかえっているが、その熱気が写真から伝わってくる（小川峯生）

８５系をはじめとする国鉄形車両が全廃されるのもそう遠くない。そんな状況のなか、こだま形電車は現役時代を知らない世代にとっても、人気漫画『三丁目の夕日』のごとく憧憬《しょうけい》を抱かせる車両なのである。

ベルエポック、一般に20世紀初頭のフランスの美しき時代がこう呼ばれる。日本と国鉄にとってベルエポックだった昭和30年代に東海道電車特急で活躍を続けた名車の足跡、そして名車を支えた技術者の苦闘を後世に残そうという思いで、『ビジネス特急〈こだま〉を走らせた男たち』を平成15年に上梓したが、その後に得られた知見を補筆・加筆して改訂したのが本書である。日本の鉄道の一大イノベーションを成し遂げたこだま形電車の足跡を、当時の時代背景とともに読み取っていただければ幸いである。

福原俊一

広島駅で発車を待つ「つばめ」。写真左端に見える家族連れの視線が眩しい（星晃）

1章

鉄道近代化への胎動

戦後の復興と東海道本線の超特急運転計画
――機関車牽引列車の限界

日本の鉄道は明治５（１８７２）年に新橋～横浜間が開業以来、日本の独占的輸送機関として君臨し、戦中・終戦の混乱から立ち直った戦後期においても日本経済の復興に比例して増大の一途をたどる旅客・貨物輸送を一手に担《にな》っていた。

なかでも京浜・中京・京阪神地区を結ぶ東海道本線（東京～神戸間５８９・５㎞）の旅客輸送量は他線区に比較して高い増加率を示し、昭和25（１９５０）年から31（１９５６）年までの６年間で１・５倍に増加していた。国鉄全営業キロの５％に満たない東海道本線は、国鉄全線旅客の約４分の１を輸送する日本経済の大動脈として、31年現在の平塚～国府津《こうづ》間では片道１２１本もの列車が運転されていた。

日本の大動脈である東海道本線は大正２（１９１３）年に全線複線化されていたが、輸送近代化・輸送力増強などの国家的見地から大正11（１９２２）年の議会で６年後の大正17年（昭和３〈１９２８〉年）までに東海道本線を全線電化する計画が可決された。

しかし、その出鼻《でばな》をくじくかのように関東大震災が襲っただけでなく、電化への反対意見、さらには陸軍を中心とした軍部の反対から進展の足取りは極めて重かった。

「電気鉄道では、空襲やスパイの爆破（テロ行為）によって変電所設備が破壊されたら列車が運転できない。自走能力のある蒸気運転とすべし」

というのが陸軍の考えであった。

このため戦前期の幹線電化は長大トンネルの介在する区間に限られ、東海道本線においても全長7・8㎞の丹《たん》那《な》トンネル開通と同時に昭和9（1934）年に沼津まで延伸されたにすぎず、沼津〜京都間は未電化にとどまっていた。

終戦と同時にその「重し」がとれ、併せて戦後の復興において不可欠となるエネルギー資源を有効活用する見地から、関係者の積極的熱意によりGHQ（終戦後の占領下を統治した連合軍の総司令部）の統制や資材難等々幾多《いくた》の困難を克服して幹線電化が推進され、東海道本線も昭和24（1949）年5月には浜松まで電化が西進した。

当時は国内総エネルギー需要の半数近くが石炭でまか

戦後の国鉄及び東海道本線旅客輸送量推移

単位：億人キロ

年度	国鉄全線		東海道本線		国鉄全線に対する東海道本線輸送量
	輸送人キロ	指数	輸送人キロ	指数	
25(1950)	691	100	153	100	22.1%
26(1951)	790	114	174	113	22.0%
27(1952)	805	116	187	122	23.2%
28(1953)	836	121	195	127	23.3%
29(1954)	870	126	203	132	23.3%
30(1955)	912	132	214	140	23.5%
31(1956)	981	142	233	152	23.8%

注：人キロとは旅客輸送量の単位で、一人を1km輸送すると1人キロである

なわれていたが、終戦直後は石炭産出量の約３分の１を国鉄、つまり蒸気機関車が使用し、戦後経済復興のネックとなっていた時代であった。

終戦後の日本を統治したＧＨＱのなかで輸送業務を監督していたＣＴＳ（民間輸送司令部）はディーゼル機関車を主力とする米国流の考えがあったためか電化の効用をなかなか理解せず、幹線電化は浜松でいったん頓挫《とんざ》してしまうが、昭和27（１９５２）年４月の講和条約発効後は順調に進展し、昭和31年11月19日にはついに東海道本線が全線電化された。11月19日の暦《こよみ》を見ると「鉄道電化の日」と記されているが、これは長年の悲願が実現したこの日を記念して制定されたのである。

＊

当時の国鉄のスターは特急「つばめ」であり、特急「はと」であった。「つばめ」の愛称は昭和25年に誕生した国鉄スワローズ球団の名称の由来となったのは広く知られる通りである。スワローズのほかにコンドルも候補に上がったが「混んどる」に通ずることから没になったという眉唾《まゆつば》ものの話も残されているが、余談はさておき、日本の特急列車の歴史は明治39（１９０６）年に運転を開始した新橋〜神戸間の最急行列車までさかのぼり、６年後の45（１９１２）年に新橋〜下関間に展望車を連結した特急列車が誕生した。

この列車は関釜《かんぷ》連絡船（下関と韓国の釜山《プサン》を結んだ連絡航路）を経由して東京から北京までを

3・5日で結んだ国際列車で、贅《ぜい》を尽くした展望車は「走る迎賓館《げいひんかん》」としての位置付けを持ち、一般庶民とは全く無縁な特権階級の乗物であった。

昭和4（1929）年には特急列車に「富士」などの愛称が付けられ、翌5（1930）年には超特急と呼ばれた「燕《つばめ》」が運転開始するなど戦前の黄金期を迎えたが、戦局の悪化を背景に決戦非常措置として昭和19（1944）年4月に特急列車は国鉄線上からいったん姿を消すことになる。

戦後復興の象徴として東京～大阪間に特急「へいわ」が公共企業体日本国有鉄道の発足間もない昭和24（1949）年9月に復活、翌25年1月に「つばめ」と改称されたこの列車は同年10月のダイヤ改正で戦前期の超特急「燕」と並ぶ8時間運転となり、5月に増発された「はと」とともに国鉄を代表する最優秀列車として、戦前期と同様に展望車を最後部にしたがえて東京

C62形蒸気機関車が牽引する特急「つばめ」（所蔵：福原俊一／撮影：奥野利夫）

～大阪間を疾駆《しっく》していた。
東海道本線全線電化にともなう昭和31年11月19日のダイヤ改正で特急「つばめ」「はと」は全区間電気機関車牽引《けんいん》となり、東京～大阪間は戦前期をしのぐ7時間30分までスピードアップされたが、同線区の輸送量増加を背景に特急列車の増発が要望されるようになり、全線電化の成果を活かして現行特急列車をさらにスピードアップし、６時間30分で結ぶ超特急列車を増発する計画が進められた。

この計画の実現には当時の客車特急の最高速度95㎞／hを１１０㎞／hに向上させなければならず、従来の「つばめ」「はと」を牽引していたＥＦ58形よりも高性能の電気機関車が必要となることから、当時の東海道本線で１２００ｔの貨物列車を牽引していた大出力機関車のＥＨ10形を高速運

「東海道全線電化開通」の記念ヘッドマークを掲出した下り「つばめ」（所蔵：星晃）

転用に仕様変更した機関車の設計が進められた。

高速モータを仮設した試作機を用いて昭和30（１９５５）年12月に実施された高速試験では最高速度１２４km／hをマークしたが、高速域からのブレーキ性能に課題が残った。当時は東海道本線ですらコンクリートまくらぎの使用区間は10％に満たず、本来は幹線では使わない25ｍに満たない短尺レールの使用区間も40％に及んでおり、軌道をはじめとした地上設備は戦中戦後の酷使《こくし》から復興しきれていないのが実情であった。

このような地上設備で重量が大きく、したがって軌道への影響が大きい機関車牽引列車で６時間30分運転を実現させる、言い換えれば最高速度１１０km／hを実現させるには、軌道強化だけで５年間の工期と１５０億円の費用が必要となることが施設局の調査で分かった。

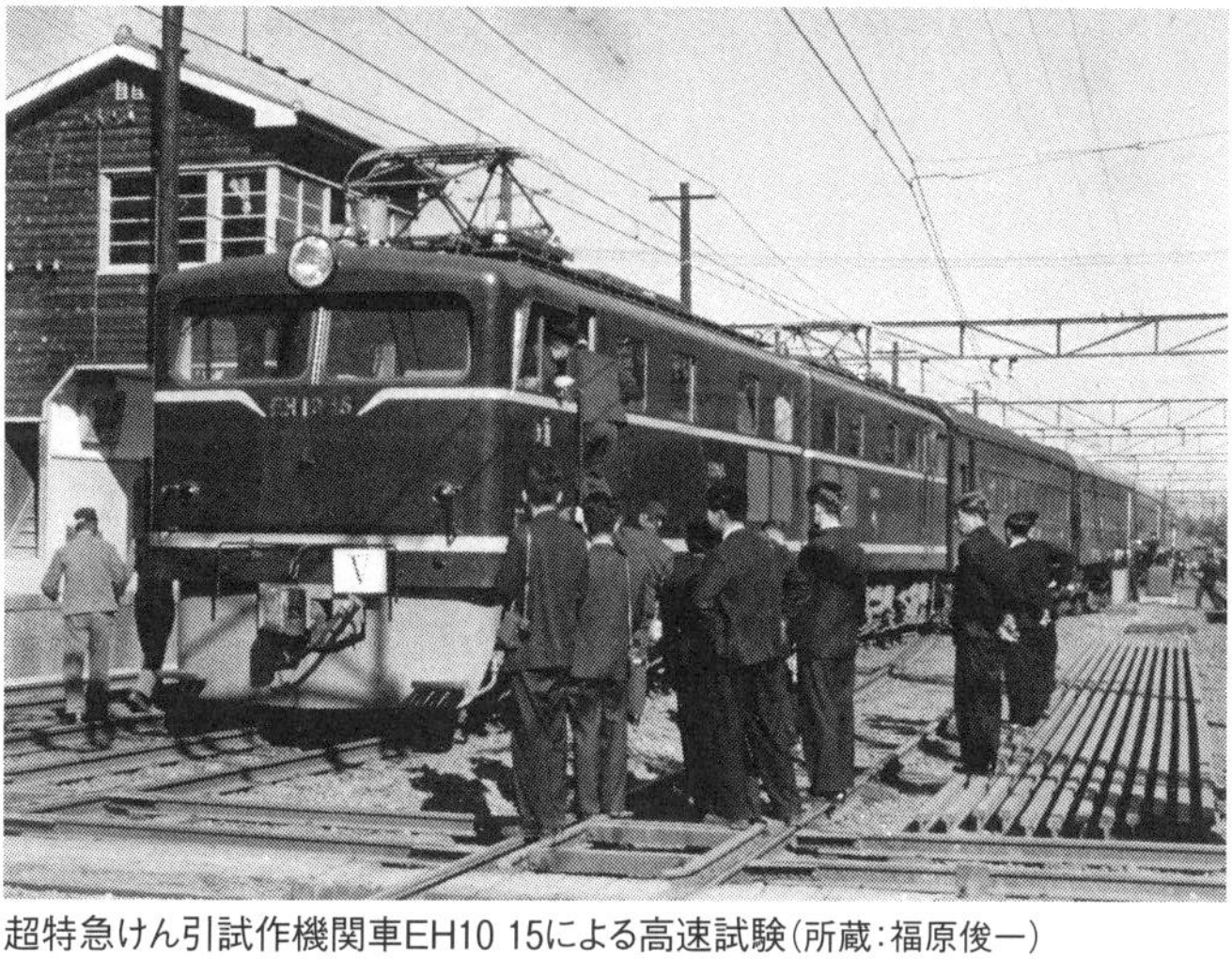

超特急けん引試作機関車EH10 15による高速試験（所蔵：福原俊一）

軌道以外の地上設備改良費や車両製作費を考えると優に１７０億円は超えてしまう。昭和30年度の国鉄の新線建設・電化設備・車両などの設備投資額が合計で約５３０億円だった時代の１７０億円である。機関車牽引による超特急列車計画は不可能なことが明らかになった。

これからは航空機と自動車の時代
——鉄道は斜陽産業だ

国鉄は長年にわたって国内輸送の独占的機関として君臨し、災害や戦中の空襲といった天変地異に遭遇しても安全・正確な運行を続け、日本の近代化を支えるインフラとしての役割を十二分に果たしていた。

終戦にともなって日本の工業技術発展の大きな牽引役であった陸海軍を失い、ＧＨＱからの指令で軍需産業が禁止され製造禁止品目の１つだったベアリング工業を、国鉄は平和産業としての存続を考慮して終戦後に製作した車両に「ころ軸受《じくうけ》」を採用したり、人材面でも陸海軍技術者を大量に受け入れるなど、戦後復興の基盤となる工業技術の屋台骨をひとりで支えていた。

しかし昭和26（１９５１）年に日本航空が設立されて東京〜大阪間に国内航空の定期便が就航し、さらに32（１９５７）年には日本へリコプター輸送と極東航空が合併して全日本空輸が発足した。

航空路線網は年を追うごとに拡まり、これまで鉄道の独壇場《どくだんじょう》であった長距離輸送の強力なライバルとして立ちはだかるようになった。

一方の自動車も30（１９５５）年に本格的国産車であるトヨタ自動車「クラウン」が誕生する一方、29（１９５４）年には第１次道路整備５ヶ年計画が閣議決定され、31（１９５６）年には日本道路公団が発足して、後の名神高速などの高速道路計画が具体化するようになった。

先進諸外国では航空機と自動車の発達を背景に鉄道は未来のない「斜陽産業」とすでに言われ、昭和30年代初頭には日本においても相当な評論家までが「石炭と鉄道は斜陽産業の代名詞」とまで評するようになっていた。

しかし終戦を告げる玉音放送を聞き、虚脱感と絶望感に陥《おちい》っていた人々が何事もなかったかのように聞こえてくる汽車の汽笛に勇気づけられたエピソードに代表されるように、国鉄は人々の生

輸送機関別国内旅客輸送量推移

単位：億人キロ

年度	国鉄	私鉄	自動車		内陸海運	国内航空	国内輸送総人キロ	国鉄の国内旅客輸送シェア
			バス	乗用車				
25（1950）	690	365	83	7	26	0	1,171	58.9%
30（1955）	912	449	233	42	20	2	1,658	55.0%
35（1960）	1,240	604	440	115	27	7	2,433	51.0%
40（1965）	1,740	814	801	406	31	29	3,821	45.5%

活に深く根付いた存在であり、当時は前ページ表のように国内旅客輸送シェアの過半数を担っており、国内産業の復興に貢献する大きな責任を背負っていた。

鉄道はこれからも輸送の主役である……日本の鉄道は客車特急「つばめ」「はと」に代わる新たなヒーローの出現が待ち望まれていた。

島秀雄の信念
――その第一歩は湘南電車の実現

「高速性能に優《すぐ》れて機動力があり機関車に比べて軽量な電車列車が日本の鉄道には適している」という固い信念と確たるコンセプトを持ち、湘南電車を実現させた男がいた。戦後間もない頃に車両局長を拝命した島秀雄《しまひでお》であった。

新幹線の生みの親として知られる島秀雄は「車輛《しゃりょう》の神様」と称された島安次郎《しまやすじろう》の長男として明治34（１９０１）年に誕生し、大正14（１９２５）年に東京帝国大学卒業後鉄道省に入職、戦前期はもっぱら蒸気機関車の設計に従事した。

日本を代表する蒸気機関車であるD51形は島の設計によるもので、日本の技術水準などを考えると極めて完成度の高い作品であったが、先進諸外国の標準軌の蒸気機関車と比較すると性能面で劣ってしまうのは否《いな》めなかった。

昭和19（1944）年6月に島は車両設計を司《つかさど》る本省の課長ポストを拝命するが、終戦直前には資材も底をつき設計の仕事ができなくなってしまったため、戦争が終わった後の鉄道をどのように再建するかストックデザインしたと後に述懐している。

このときに島は狭軌《きょうき》鉄道の限界を悟り、狭軌であることや地質・降雨量などの条件も悪く軌道の構造が先進諸外国の鉄道に比べて貧弱な日本の鉄道には、動力集中方式と称する機関車牽引列車によるスピードアップには限界があり、列車に必要な動力を編成全体に分散させ、1両あたりの重量が軽いなどの利点を持つ電車列車などの動力分散方式が適しているとの考えに収《しゅう》斂《れん》していった。

島がストックデザインした動力分散方式の背景を簡単に説明しよう。鉄道は車両や駅だけではなく軌道などの線路、信号などの電気設備、橋りょうなどの施設、そして実際に列車を走らせる運転などのシステムから成り、これらが有機的に結合して運営する「システム工学」の所産であり、その歴史はスピードアップへの挑戦であったといっても過言ではない。

スピードアップのためには、単に速く走れるだけの車両を作る（やや極論であるが、これはそんなに難しい話ではない）だけでは駄目で、線路や電気などシステム全体のバランスがとれて初めて高速運転が実現できるのである。

日本の鉄道の創業時はイギリスから指導を仰いだが、ゲージは世界標準の１４３５㎜（４フィート８・５インチ）ではなく狭軌の１０６７㎜（３フィート６インチ）が採用された。

ゲージは軌道だけでなく車両や施設など鉄道建設にあたって全般の規格に関わる話であるが、創業時に狭軌と決定したいきさつははっきりしておらず、指導にあたっていたイギリス人事業家のネルソン・レイと技師のエドモンド・モレルが、当時の日本の国情からイギリスの植民地並みの輸送量と判断し、ケープゲージの通称で呼ばれる狭軌で十分と考えたのがいつの間にか公式に決まってしまったといわれている。

一説によると、モレルから相談を受けた大隈重信《おおくましげのぶ》はゲージの意味がよく分からずに、建設費が安くすむ狭軌を選択してしまったといわれ、後年に大隈は「日本の鉄道を狭軌にしたのは、吾輩《わがはい》一生一代の失策であった」と告白したと伝えられているが、この決断の是非はさておき、狭軌という高速運転には極めて不利な宿命を日本の鉄道は背負ってスタートしたのである。

それに加えて国力を反映するかのように地上設備も貧弱な宿命を背負うことになった。幹線の曲線半径の制限、レールにかかる車両重量の制限、あるいは列車が高速運転の際に橋りょうにかかる荷重《かじゅう》の制限などは先進諸外国に比べるとはるかに大きいのである。

この制約条件が小さければ大出力の重い機関車を作って高速運転を実現することも可能で、戦前期の先進諸外国は標準軌の大形機関車牽引列車で最高速度１２０～１５０㎞／ｈの高速運転を実現させていたが、日本の機関車牽引列車では最高速度95㎞／hが限界であった。

戦争が終わって東海道本線が全線電化された暁《あかつき》には、電車列車を走らせてスピードアップを実現させようと、島は考えるにいたったのである。

*

ここで当時の電車列車がどのような情勢にあったかを簡単に触れておきたい。日本の電車は明治28（１８９５）年に運転を開始した京都電気鉄道（後の京都市電）を嚆矢《こうし》とし、この路面電車は輸送力不足と馬糞《ばふん》公害が問題となっていた馬車に代わる近代的輸送機関として急速に普及していった。

一方、明治37（１９０４）年に御茶ノ水～中野間で電車運転を開始した甲武《こうぶ》鉄道（現在の中央線）を始祖とし、現在のＪＲ東日本東京圏・ＪＲ西日本大阪圏の電車に受け継がれる国鉄電車や、大手私鉄と呼ばれる大都市圏通勤電車は戦前期に現在のネットワークの骨格を完成させ、東京地下鉄道（現在の東京メトロ銀座線）や大阪市地下鉄（現在の大阪メトロ御堂筋《みどうすじ》線）も開業していた。

国鉄電車の創業期に「甲武鉄道」なる私鉄が登場するいきさつを簡単に説明しておこう。明治政府は東海道本線を明治22（１８８９）年に全通させるなど国家近代化の施策の1つとして鉄道建設を推進したが、資金不足の事情もあって、民間資本による鉄道建設の支援も併せて行った。

現在の山陽本線・東北本線・鹿児島本線も山陽鉄道・日本鉄道・九州鉄道という私鉄が開業したものであるが、日清・日露戦争時の教訓から鉄道の全国的統一の気運が高まり、明治39（１９０６）年に「一地方の交通を目的とする」鉄道を除いて国有を原則とする鉄道国有法が公布され、前述の山陽鉄道など17の私鉄が国有化された。

このときすでに電車運転を行っていた甲武鉄道も買収されたため、同社の電車が初代「国鉄電車」となったのである。

話を戦前期に戻すが、この頃には高速運転に必要な制御装置やモータも国産技術で実用化され、京阪神間には流線形の急行電車（現在のＪＲ西日本新快速の先祖にあたる）が活躍するなど隆盛期を迎えていた。

しかしながら、電車列車の活躍する場は「郊外電車」

当時世界的に流行した流線形状を取り入れ、流電の通称で呼ばれたモハ52形は京都〜神戸間の急行電車で活躍した。流麗なフォルムは古さを感じさせない（星晃）

と呼ばれた都市近郊輸送に限られ、電車の最長距離運転区間は、大阪と伊勢神宮を結んだ参宮《さんぐう》急行（現在の近鉄大阪線に相当）の上本町《うえほんまち》～宇治山田間の１３７㎞で、国鉄電車にいたっては横須賀線東京～横須賀間の62㎞が最長距離にすぎなかった。

戦争末期には資材を極度に節約した戦時設計の63形電車が誕生して激増する通勤輸送にあたり、終戦後も戦災で消失した電車の代替として国鉄だけでなく一部私鉄にも投入され復興にあたっていた。

窓ガラスや電灯も満足にないところに超満員の旅客を乗せ石炭不足のなか気息奄々《きそくえんえん》で走る「汽車」を尻目に、戦争末期に山中の小駅に疎開させていた展望車や食堂車まで接収した白帯の連合軍専用列車が走り抜けていく時代を迎えた。

日本の鉄道は鉄道省（昭和20〈１９４５〉年以降は運輸省鉄道総局）の時代が長く、「省線《しょうせん》」と呼ばれ、国鉄電車は省線電車を略した「省電」の通称で親しまれていたが、ＣＴＳの勧告で行政と事業を分けることになり、戦後の混乱も収まりかけていた昭和24（１９４９）年6月１日に現業部門の公共企業体「日本国有鉄道」が発足した。

これにともない「省電」は「国電」に生まれ変わり、この通称は人々の身近な存在として親しまれることになるのである。もっとも昭和62（１９８７）年に国鉄が民営化されてから数えて30年以上も経過した現在では、省電はもちろん国電も死語かもしれないが……。

さて、横須賀線の東京〜大船間は、総武快速との直通運転と併せて東京地下駅を経由する現在のルートに昭和55（１９８０）年に変更されたが、それまで同区間は東海道本線を共用していた。

日本国有鉄道が発足した昭和24年当時は横須賀線電車と機関車牽引の東海道本線列車が運転されていたが、電車列車は終着駅に到着後、短い時間で折り返し運転できるのに対し、機関車牽引列車では機関車の付け替え作業のロスが多い分だけ無駄にホームを占有してしまうため、東京駅のホーム容量がネックになり列車の増発が困難になっていた。

車両計画・設計及び修繕などの車両全般を統括する車両局長に栄進していた島はストックしていたデザインの実現に動いた。東京〜沼津間を結ぶ電車列車の運転である。

しかしこの実現にはＣＴＳの無理解や緊縮経済政策など多くの障壁を乗り越えなければならなかった。

何よりも大きかったのは部内の反対であった。「電車で１００㎞も走る、しかも15両編成。何を寝ぼけたことを言っている。そういうものは機関車牽引に決まっている」というのが常識の時代であった。電車は路面電車を発祥とするためか近距離運転、それも5〜6両の短編成が常識で10両以上の長大編成列車は機関車牽引によるのが不文律《ふぶんりつ》の時代だった。

島は、東海道東京口の電車化により電気機関車・客車を新電化区間に転用できるので一石二

鳥であると説明し、列車の輸送を統括する輸送局長の要職にあった木《き》島《じま》虎《とら》蔵《ぞう》も、

「東海道東京口を機関車牽引列車で増発しろと言うなら、もう一本ホームと機関車の折り返し線を作れ。できないなら電車でやるよりしょうがないだろう」

と援護射撃した。市街地の中心に位置する東京駅のホーム増設など簡単にはできない相談である。これにはさすがに電車化反対論者も沈黙せざるを得なかった。

　こうして当時の常識を押し破った長距離電車列車が実現することになり、特急「へいわ」が運転を開始した翌年の25（1950）年3月に緑とオレンジのツートンカラーの塗り分けも鮮やかな80系湘南《しょうなん》電車が東京～沼津間の営業運転に就役した。

　湘南電車は出入口にデッキを設けるなど客車並

80系湘南形を使用した準急「比叡」（所蔵：福原俊一）

の車内設備を採用しただけでなく、高速台車振動研究会の成果を取り入れた新形台車やブレーキ装置などに多くの新機軸を盛り込み、機関車牽引列車の独壇場であった中距離運転に進出した。

15両（荷物電車を連結する列車もあるので最大16両）という長大編成の電車列車は先進諸外国にも例を見ない試みであった。25年10月に誕生した東京～伊東間の準急「あまぎ」は電車列車の特長を遺憾なく発揮し、当時の客車特急に匹敵《ひってき》する高速運転を実現していた。

＊

昭和26（１９５１）年4月、架線切断事故にともなう列車火災により死者１０６名を出した不幸な桜木町事故が発生した。事故車となった戦時設計63形電車の構造的欠陥が指摘され、その責任をとる形で島は加賀山《かがやま》総裁とともに同年8月に辞任して国鉄を去った。

しかし島が去った後も湘南電車の運転区間は電化の進展とともに拡大し、東海道全線電化が完成した翌年の32（１９５７）年10月ダイヤ改正では東京～大垣間の準急「東海」と名古屋～大阪間の準急「比叡」が運転を開始した。

直通運転こそならなかったが客車急行をしのぐ駿足《しゅんそく》で東京～大阪間が電車列車で実質的に結ばれ、長距離電車運転の礎《いしずえ》が築かれていったのである。

2章

東京～大阪　日帰りの夢

島秀雄の復帰とビジネス特急の構想

――従来の常識を覆した運転時間帯と未知の最高速度

昭和29（1954）年から30（1955）年にかけて青函連絡船洞爺丸《とうやまる》と宇高《うこう》連絡船紫雲丸《しうんまる》の海難事故があいついで発生し、その責任をとって長崎総裁が辞任した。

30年5月に後任の第4代総裁に就任した十河信二《そごうしんじ》は、増大する一方の輸送に応えるためには鉄道近代化が必要との信念を持ち、蒸気から電気・ディーゼルへの動力転換と併せて輸送方式を近代化し、「より安全でよりよいサービスを、低コストで」を目的とした動力近代化の実現を最重要施策に掲げた。

これを技術面から支える人材として島秀雄《しまひでお》に白羽《しらは》の矢を立てた。時代の流れは島のようなスーパーエンジニアを放っておかなかったのである。島は固辞したが十河のたび重なる説得に意を決し、同年12月に技師長として国鉄に復帰することになった。

従来の技師長は国鉄の№3である常務理事と同格であったが、このとき№2の副総裁格に昇格した。島を迎えるにあたっての十河の配慮であった。開びゃく以来鉄道の代名詞であった蒸気機関車と訣別《けつべつ》して電車列車をはじめとした動力分散方式に、国鉄を「システム変革」させる2人の立役者がそろい、21世紀の鉄道の基盤となる近代化計画がここに第一歩を踏み出したのであった。

技師長に復帰した島は、高速性能に優れて機動力があり、機関車に比べて軽量な電車列車で東京〜大阪間を１日１往復運転する、つまり機関車牽引《けんいん》列車では不可能なことが分かった東京〜大阪間を日帰りする超特急列車の実現を命じ、石原米彦《いしはらよねひこ》副技師長をリーダーとする「電車化調査委員会」が設置された。

運転系統出身の石原は戦後急速に発展したディーゼル動車の開発に携《たずさ》わり、動力分散方式の優位性を早くから理解していた人材の１人だった。その石原をリーダーとする電車化調査委員会では、当時開発が緒についたばかりの交流電車の進展を念頭に置いて、将来電車化すべき分野の検討と、東京〜大阪間の電車特急運転に関する検討を進めていった。

昨今と異なり当時の特急列車は日本の鉄道を代表する列車で、一般庶民が気軽に乗車できる存在ではなかった。金持ちも貧乏人も旅行には当然ながら鉄道を利用し、この需要に対応するため東海道本線では特急列車から急行・準急そして長距離鈍行《どんこう》列車までそれぞれ昼行・夜行の双方とも発着していた。

昭和33（１９５８）年当時の東京〜大阪間の運賃＋料金は、特急2等車が４３００円、3等車が１７９０円、急行3等車が１３４０円、鈍行3等車は９９０円（航空機は６３００円）であった。

「現在と貨幣価値が違うにせよ急行列車との運賃・料金差が４５０円なら、誰しも特急列車に乗ったのではありませんか?」と東海道新幹線が開業間もないころに生まれた編集者から聞かれたことがあったが、当時は乗客の階層により乗車できる列車種別（同じ列車に連結された3等車〈現在の普通車〉、2等車〈現在のグリーン車〉、寝台車などの種別も含めて）が暗黙のうちに決まっていた時代だったのである。

東京（大阪）から大阪（東京）への出張で特急2等車を利用できるのは大企業の役員クラスで、部長以下は昼間を有効に利用できる夜行列車の3等寝台を愛用していた。平社員にいたっては3等寝台に乗れればましなほうで、夜行急行の3等座席車での移動が珍しくなかった。

東海道本線のように列車本数の多い線区では、少し高級な寝台専用列車と大衆的な座席車のみの夜行列車が運転されてそれぞれの階層の需要に応え、本数の少ない線区では1本の急行列車に2等・3等の寝台車と座席車が連結されていた時代だったのである。

特急列車の運転本数は、東海道全線電化が完成した昭和31（１９５６）年11月ダイヤ改正で新設された東京と九州を結ぶ夜行特急「あさかぜ」を加えても4往復（不定期特急「さくら」を加えても5往復）にすぎなかった。

準急列車はさすがに全国で２００本近くが運転されていたが、急行列車は全国で38往復しか運転されていなかった。現在の新幹線が当時の特急・急行列車に相当すると考えれば、当たらずといえど遠からずと言えよう。

そんな階層の頂点に位置する特急列車は特別な急行列車だった、現在の特急列車にも「LIMITED EXPRESS（限定された急行列車）」とCTS（民間輸送司令部）、つまり米国流にしたがった標示が受け継がれているが、当時はその英文通りの存在だったのである。

話を戻すが、当時の特急列車には格式があり、発着時刻も「朝はゆっくり発車し、夜のふける前に到着する」不《ふ》文《ぶん》律《りつ》のようなものがあり、下表のように9時発20時着の時刻設定が一般的であった。

当然ながら全列車が機関車牽引列車で、下記の「つばめ」「はと」編成のよ

昭和31年ダイヤ改正 特急列車運転時刻

種別	設定列車				記事
昼行	東海道	1レ	つばめ	9:00 → 16:30	
		3001レ	さくら	9:03 → 17:05	不定期列車
		3レ	はと	12:30 → 20:00	
				東京　大阪	
		2レ	つばめ	16:30 ← 9:00	
		4レ	はと	20:00 ← 12:30	
		3002レ	さくら	20:35 ← 12:33	不定期列車
	山陽	5レ	かもめ	8:30 → 19:10	2·3等特急（展望車なし） 大阪発 9:10
				京都　博多	
		6レ	かもめ	20:40 ← 10:00	2·3等特急（展望車なし） 大阪着20:00
夜行	東海道山陽	7レ	あさかぜ	18:30 → 11:15	展望車なし
				東京　博多	
		8レ	あさかぜ	10:00 ← 16:35	展望車なし

← 進行方向

①		②	③	④	⑤	⑥
荷物車	3等	3等	3等	3等	3等	2等

⑦	⑧	⑨	⑩	⑪	⑫
2等	食堂車	2等	2等	2等	1等（展望車）

うに機関車の次位から3等車、食堂車、2等車、1等展望車で組成され、3等車よりも2等車の連結両数が多いという風格ある編成であった。

また当時は現在とは比較にならないくらいの大きな荷物を持って旅行するのが常で、特急「つばめ」「はと」の1・2等車は大きなスーツケースを持った外国人観光客も少なくなかった。当時はこういった手荷物の同時輸送サービスが行われていたが、特急列車にはその乗客専用、つまり一般の荷物輸送に供しない荷物車が展望車の反対側に連結されていた。

展望車を編成の最後部とするため、当時の昼行特急は、終着駅に到着した後で2時間近い時間をかけて三角線と呼ばれた△形の区間（東京の場合は、品川→大崎→蛇窪《へびくぼ》→品川）を回送して編成ごと方向転換していたという、まことにのんびりした時代だったのである。

＊

電車化調査委員会では東京〜大阪間を6時間30分で結ぶ電車特急の構想の具体化が進められていった。

従来の湘南電車よりも長距離を、なおかつ高速で運転することから「長距離高速電車」の公式名称が付けられ、と同時に大阪（東京）日帰り可能でビジネス旅行に便利ということから「ビジネス特急」と呼ばれるようになった。ビジネス特急の運転時間には従来の常識を覆《くつがえ》した早朝夜間発着となるため批判的な声があがったが、

「ビジネスのために貴重な時間を有効に使わなければならない乗客にはそのほうが喜ばれる、現に航空機（東京〜大阪間）の早朝深夜発着便は高い利用率を示しているではないか」

と島は説得し、東京〜大阪間を１日１往復する

東京（大阪）		大阪（東京）
7：00	↓	13：30
22：30	↑	16：00

のように、従来の特急列車には見られない画期的な時間帯に設定されることとなった。前述のように終着駅に到着後、２時間近い時間をかけて方向転換していた機関車牽引列車では到底実現不可能で、終着駅ですぐに折り返し運転できる電車ならではの運転時間帯であった。ビジネス特急は軽量な電車の強みを活かして最高速度を１２０km／hとし、同時に曲線区間での運転速度も向上させて東京〜大阪間を６時間30分で結ぶ計画であった。

前述のように従来の機関車牽引列車の最高速度は95km／hに規程上抑えられ、１００km／h以上の高速で運転する列車は当時の国鉄には存在しなかった。電車でなければ実現できない速度領域だった。

これからは冷房が当たり前の時代
——旅客機を超えたサービスの提供

ビジネス特急の最初の構想は全車3等車とし、その設備は当時の普通2等車（当時の2等車にはリクライニングシートを備えた車両と転換式腰掛または固定向い合せ腰掛を備えた車両があった。特急列車などに使われた前者は特別2等車、後者は普通2等車と呼ばれていた）並みにグレードアップするとともに冷房付きとする構想であった。

ビジネス特急に盛り込まれた新機軸は後述するが、現在から見れば至極当然と思える項目も当時としては画期的な試みが少なくなかった。冷房装置は代表的なものの1つなので、その背景を説明しよう。

鉄道車両の冷房装置の歴史は米国で氷を搭載した1880年代までさかのぼるが、日本の冷房車は昭和11（1936）年夏期に特急「燕《つばめ》」用食堂車と南海鉄道の一部電車に搭載されたのが最初である。

当時の米国や満鉄ではすでに使用されていたが欧州に冷房車が登場するのは戦後になってからで、高温多湿という気候条件があるにせよ日本の冷房車が先進諸外国よりも早く登場した点は評価されてしかるべきであろう。

しかしその後の戦局拡大にともない「贅沢品」である冷房装置は使用停止となり、いったん空白の時期を迎えてしまうのである。

戦後の冷房車はＣＴＳの指示により、主として連合軍専用客車の食堂車で復活したが、昭和30年代前半はルームクーラが市販され始めたばかりの頃で、一般家庭はおろかオフィスの冷房化率も極めて低く、まだ贅沢品の時代であった。１万７０００両弱が在籍していた当時の国鉄旅客車（客車・電車・ディーゼル動車の総称）で冷房装置が取り付けられていたのはわずか75両にすぎず、当然ながら電車・ディーゼル動車には１両も在籍していなかった。

展望車などの１等車はさすがに全車冷房化されていたが、２等寝台車は連合軍からの返還車を除いた約50両は冷房化されておらず、２等座席車・３等寝台車には扇風機を取り付ける方針で冷房車は１両も在籍していなかった。

通勤形電車にいたっては扇風機の取付車も少なく、後述する新形のモハ90通勤電車が誕生した際に「高性能通勤電車」ということよりも「扇風機つき国電」を大きい見出しで報じた新聞も見られた時代であった。

当時は鉄道よりはるかに運賃の高かった国内線旅客機ですら「１００％冷房化」されておらず、離陸前の機内では団扇《うちわ》で涼をとっていたのが夏の風物詩だった時代、３等車にも冷房を提供するビジネス特急のサービス水準が、いかに画期的な構想であったかが理解できよう。

それまでの鉄道車両はKM形と呼ばれる冷房装置が使用されていたが、保守面などに難点があった。こだま形の冷房化にあたっては島秀雄技師長の発案・指示で、当時市販されて間もないウィンドゥ形のルームクーラ（圧縮機・凝縮器等を一体化したユニットクーラ）を車両用に改良して屋根上に分散搭載することになった。

鉄道車両技術だけでなく工業技術全般を見渡す広い視野を持った島技師長の面目躍如《めんもくやくじょ》たるところであった。

21世紀になってからのことだが、島秀雄の次男で後年に電車設計に従事した車両技術者の島隆《しまたかし》は「父は、大学時代の同級生だった東芝の佐藤隆彌《たかや》取締役（当時）にユニットクーラの開発を依頼したのです」という舞台裏を語った。もちろんユニットクーラの開発はそういった人的関係だけで実現

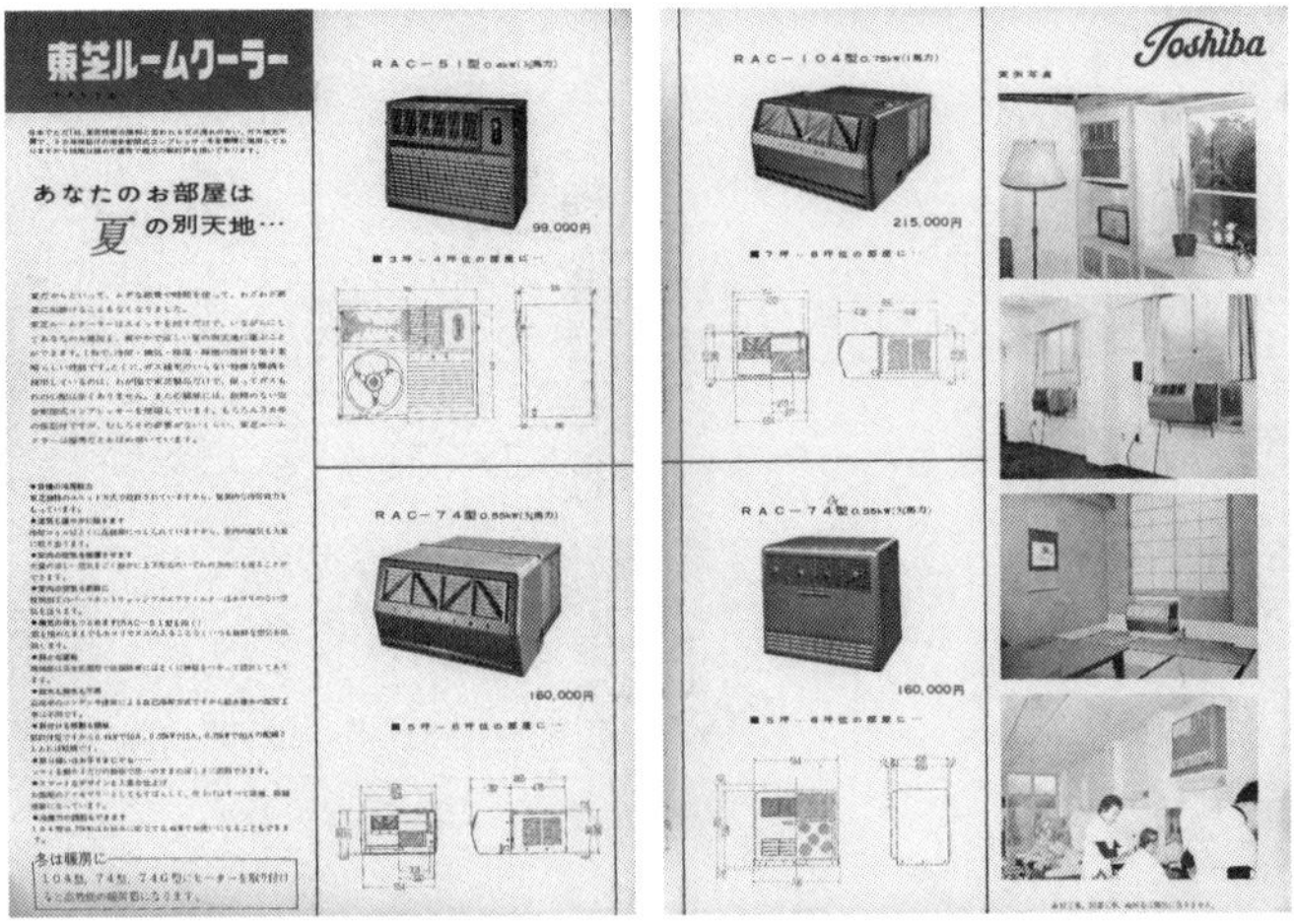

東芝ルームクーラカタログ（所蔵：福原俊一）

できたわけでは断じてない。

「そのような『人脈』もありましたが、製作にあたって厳しい納期を会社として守ってくれた東芝のご協力が大きかったのですよ」

とビジネス特急の設計を担当した臨時車両設計事務所電車主任技師（当時）の星晃《ほしあきら》は語った。

しかし営業部門の担当から3等車に冷房は贅沢ではないかとの声があがった。星晃とビジネス特急の運転計画を担当した運転局客貨車課総括補佐の齋藤雅男《さいとうまさお》は、これからの優等列車は冷房が当たり前の時代になると説得した。

「普通なら逆に営業部門から我々に要求が出るものですがね」

星と齋藤は異口同音に語りながら笑った。

「弱小民族」のプロジェクトチーム
——電車反対論者の抵抗

明治5（1872）年の鉄道開業以来、日本の鉄道は動力集中方式が主力で、中長距離列車は機関車牽引列車の独壇場であった。大都市近郊の通勤輸送が主な役割だったことから、履き物に例えて「下駄電《げたでん》」の通称で呼ばれていた電車は機関車よりも格下に見られ、電車屋は「弱小民族」として肩身の狭い思いを続けていた。

当時の国鉄は蒸気機関車全盛の時代で、動力車乗務員約４万人のうち約３万人は蒸気機関車乗務員が占め、国鉄全職員の約３分の１は蒸気機関車と関わりを持ち、いわゆる機関車屋が大勢力を誇っていた。後にキャリア組と称されるようになる学士採用職員が電車部門に配属されたら「出世の道は閉ざされた」と嘆《なげ》いたという話が伝わっている時代だった。

東海道本線全線電化が完成した昭和31（１９５６）年当時、すでに湘南電車による中長距離運転は行われていたが、電車列車は騒音が大きく乗り心地が悪いため、中長距離列車には不向きという考えが支配的であった。現在から考えれば信じられないような偏見であるが、当時の車両技術からすれば無理もないことであった。

電車はモータの回転力を車輪に伝達して走行する。このモータへの電圧を制御する制御装置などの電気機器を床下に搭載し、床上は乗客用の空間として提供されているのは周知の通りで、モータの付いた車両を電動車と呼び、モータの付いていない付随車と半々の比率で編成されるのが一般的である。国鉄～ＪＲ電車の車体にモハとかサロと書かれた記号は「モ」が電動車で「サ」が付随車、「ロ・ハ」はそれぞれグリーン車・普通車であることを意味している。

従来の電車には、「つりかけ式」と呼ばれる方式が用いられていた。モータの約半分の重量を車軸に直接載せる方式で、モータの電機子軸と車軸の間が一定に保たれるため、歯車を利用して簡単に動力を伝達できる大きな長所がある半面、歯車比が大きくとれない（したがってモータの回転数が大きくできない）ので重量が重くなること、ばね下重量が大きくなることなどの欠点があり、何よりも走行時の歯車の共鳴などから発するグォーンという騒音が大きな欠点であった。

　ばね下重量とは車両の重量のなかで、輪軸のように台車のばねを介さないものをいうが、これは軌道に直接影響を与えるだけでなく車両の振動に悪影響があることから、高速運転を実現するにはいかに小さくするかが課題であった。

　一方、列車が走行する際に発生する上下動・左右動は台車が吸収する役割を持っているが、乗り心地を改善するための本格的な研究は戦後の高速台車振動研究会まで待たねばならなかった。

　それまでは展望車や寝台車・食堂車など良好な乗り心地の要求される優等車両は、２軸台車よりも左右動を小さくできる３軸台車を例外的に使用する程度で、電車の乗り心地はお世辞にも良いとは言えなかったのである。

　島の指示により長距離高速電車を実現させるプロジェクトチームが発足したが、当時は湘南電車による中距離運転の実績も浅いころで、前述のような電車列車への偏見が根強く７時間に及ぶ乗車などできるはずもないと危惧《きぐ》する意見も少なくなかった。

「電車で大阪まで行ったら腰が抜けてしまう。所詮、長距離運転には不向きだ」——大勢力を誇る機関車屋が言った。保守的な国鉄部内で、電車反対論者の抵抗は激しかった。「電車列車が7時間以上の長距離運転を行ったら、モータが焼けてしまう」などの迷信がまことしやかに言われた時代だった。

　準急が数往復運転されているにすぎなかった電車ごとき格下の勢力が、急行を飛び越して国鉄を代表する特急列車に「2階級特進」して進出することを機関車屋が快《こころよ》く思うはずもなかった。

「とりあえず3等車6両編成程度を試作して、湘南準急『いでゆ』や電化開業が間近だった日光準急または団臨列車に試用し、その実績をみたうえで電車特急に移行した方がよいのでは」

といったオーソドックスな（といえば聞こえはよいが）消極的意見が少なくなかった。

「機関車よりも軽量で、新技術が盛り込まれた電車列車の高速運転に期待は持てるが、試験を実施して線路への影響を確かめたうえで見通しを立てたい」プロジェクトチームに追い打ちをかけるように、中立な立場の、どちらかといえば軌道への負担が小さい電車列車を応援（?）するはずの保線関係者からも慎重な声があがった。

＊

新幹線の開発を題材にしたＮＨＫの人気テレビ番組で、鉄道技術研究所が昭和32（1957）

年5月に銀座の山葉《やまは》ホールで開催した「超特急列車 東京〜大阪3時間への可能性」の講演会を契機に、それまでの空気ががらりと変わり、以後の新幹線計画が順調に進展するようになったと放送していた。

当時の国鉄は全国に約50万人の職員を抱える巨大な組織で、機敏に方向転換できる組織ではなかった。仮にそのテレビ番組のいうように国鉄が物分かりの良い組織だったら、石原をリーダーとするプロジェクトチームも山葉ホールで講演会を開催するだけで、何の苦労もなくビジネス特急が実現していただろうし、後に国鉄再建監理委員会が「巨大組織のため適切な運営管理ができない」として分割民営化を答申した歴史もなかったろう。

「鉄道技術研究所の講演会が新幹線実現への流れを変えたというのは、少し我田引水ですね。あえて言うならば十河総裁に技術的な自信といいますか勇気を与えた、という程度でしょう」

当時を知る関係者の言葉である。

公共企業体に変身したとはいえ国鉄の体質は「お役所的」だった、前例も実績もない長距離電車運転を危惧する意見が大勢を占めたのも無理からぬ話であった。ビジネス特急の実現は、生臭い表現をすれば機関車屋の既得権益を侵《おか》すことにもなってしまう。ある関係者はこのように語った。

「この計画が失敗したら、電車が中長距離列車に進出する機会は二度と訪れなかったでしょう。

我々電車屋は絶対に成功させるという気概を持って、背水の陣で臨んだものでしたよ」

電車列車の優秀性の実証
――電車反対論者に現実として示せ

戦後の復興とともに新しい車両技術が台頭し、私鉄各社ではこれらの新技術を盛り込んだ高性能電車による高速運転が実用化の方向にあった。

この新しい技術を総合的に使えば、従来の電車の欠点を克服でき、快適な長距離高速運転は可能だ。しかし電車列車の優秀性を机上の理論で説明しても「電車反対論者」には理解されない……。

島秀雄は実際に電車列車が１００㎞／h以上の高速で運転しても安全かつ快適であることを現実のものとして証明する戦略をとった。

昭和32（１９５７）年6月には、私鉄高性能電車で試みられた技術を集大成した制御装置、レスポンスの良いブレーキ装置、乗り心地のよい台車などの新機軸を盛り込んだ新形通勤電車モハ90形が登場した。

モータの回転力を車輪に伝達する駆動装置は中空軸平行カルダン方式が採用され、つりかけ式のグォーンという地鳴りのような走行音からヒューンという静かで軽快な金属音に変わった。モハ90形に採用されたこれらの新機軸はビジネス特急をはじめとする以後の国鉄電車に受け継がれ、国鉄電車にとってエポック的存在となったのである。

モハ90形は輸送力が限界に達していた中央線急行電車（現在の快速電車）に投入されたが、鮮やかなオレンジ色に塗った車体は利用客から「金魚」のニックネームを頂戴し、従来の茶色一色だった国電を現在のように線区別に色分けするさきがけにもなったのである。

モハ90形の来歴はこれくらいにとどめておいて、このモハ90形を使用したプロジェクトチームによる実験、つまり現車試験に話を進めよう。

ビジネス特急設計の具体的資料を得るため空気ばね台車（詳細は後述）などビジネス特急実現のために必要な機器を仮設し、32年10月に東海道本線で試運転を行った。

第1次試験は軌道・架線などの地上設備が当時最も近代的になっていた大船～平塚間で実施され、非流線形の先頭形状など高速運転には適さない通勤形電車にもかかわらず１３５km／hという当時の国鉄車両の最高速度をマークした。

続く第2次試験は長距離運転に耐えられることを確認するため浜松～米原間平均速度87km／hという高速連続運転が実施された。

このときの試験結果は、電車が高速運転しても横圧（車両が曲線を走行する際、遠心力によりレールを押す圧力）は機関車より小さいなど軌道への影響が少なく、脱線などの恐れは全くないこと、長距離高速運転を行ってもパンタグラフやモータの性能は全く問題ないことを示した。

つまり電車列車による高速運転は安全上問題のないことが確かめられ、乗り心地も空気ばね台車により快適なことが実証され、東京～大阪間の電車特急運転実現の大きな裏付けとなったのである。

モハ90形現車試験直前の９月には、同年に小田急が就役させたロマンスカーのＳＥ車を使って東海道本線上で高速試験を行い、当時の狭軌《きょうき》鉄道世界最高速度である１４５㎞／ｈをマークした。

小田急ＳＥ車の来歴をここで簡単に述べておきたい。戦後復興とともに行楽に出かける余裕が生まれ、この需要に応えるため小田急では新宿と箱根湯本を高速で結ぶロマンスカーの開発に着手し

モハ90形を使用した高速試験編成（所蔵：福原俊一／提供：星晃）

た。

開発の中心となった鉄道省出身の山本《やまもと》利《り》三郎《さぶろう》取締役は、古くから高速運転する電車列車の構想を抱いていた。鉄道省東京鉄道局運転課員だった昭和10（１９３５）年には「関節式新電車ニ就《つ》イテ」と題して、

①関節式（車両の連結部に台車を配置する方式、連接方式の呼称が一般に用いられる）とすることにより騒音及び動揺を防止し、乗り心地を向上する

②高速運転時の空気抵抗を減らすため先頭部は流線形とし、車体は軽合金を用いて軽量化する

③従来のつりかけ式の機構を改良して騒音を防止する

などの画期的考え方を盛り込んだ連接式高速電車を東海道本線（東京〜沼津間）で使用し、急行などの機関車牽引列車（通過列車）との平行ダイヤを実現する各停電車列車運転の構想を発表した。

しかし前述のように蒸気機関車全盛だった鉄道省で受け入れられるはずもなく当時は「幻の計画」で終わったが、この構想は20余年の星霜《せいそう》を経てＳＥ車で結実したのである。

当時の小田急では高速運転できる軌道状態の区間がなかった。国鉄技術研究所などの支援を得て実現させたＳＥ車の性能を見極めたい山本は古巣の国鉄に高速試験を依頼した。

国鉄部内ではモハ90形を使った高速試験を具体的に計画していた時期であり、測定機器の配置などを実際に確認できるメリットがあることから山本の依頼を受け入れ、かくして私鉄電車を使った前代未聞の（?）高速試験が東海道本線で実施される運びとなったのである。

モハ90形の現車試験よりも時期的に早く実施されたこの高速試験は国鉄部内に電車列車の良さをプロパガンダ（宣伝）する効果が得られた、と島は後年述懐している。

ビジネス特急運転開始の決定

――東京～大阪日帰りの夢実現へ

モハ90形や小田急ＳＥ車の現車試験が成功を収めた頃には電車列車の優秀な性能を電車反対論者も認めざるを得ない状況となり、電車特急運転は実現の方向に進んでいった。

東京～大阪間の特急列車増発にあたり、動力分散方式（電車列車）案と動力集中方式（機関車牽引列車）案との経済性が比較されたが、地上設備改良費を除いた車両面だけを見ても前者のほうが優れていることが確かめられた。

1往復運転するのに機関車牽引列車では2編成所要となるのに対し、電車列車では1編成ですむのだから当然の結論でもあった。

ビジネス特急の編成は3等車のモノクラスで検討されていたが、このころには営業局から2等車はやはり必要との意見が出てきた。ビジネス特急の具体的な運転計画作成にあたり、

①3等モノクラス編成案と2・3等編成案
②東京～大阪間1日1往復案と2往復案

のそれぞれが収入面や投下資本に対する収益面等の営業政策上の観点から比較された。ビジネス特急の運転は、

①新形式の軽量電車を運転することにより、従来の機関車牽引列車では実現困難であった高速サービスを提供する
②スピードアップにより1編成電車で東京～大阪間1往復運転が可能となり、したがって投下資本に対し最も高率の収益を期待することができる
③将来の利用客増加あるいは季節的多客に対応して編成両数を16両（またはそれ以上）に増大することができる
④現行特急「つばめ」「はと」の客車は代表列車として陳腐化し早晩《そうばん》取り替えを要するがその際に従来通り機関車牽引列車とするか電車列車とするか、本計画の実績によって決定することができる
⑤電化区間の旅客列車を将来どの程度まで電車化するかを決定し、地上設備改良の長期計画

を決定する資料となる

⑥鉄道が斜陽産業でないことの最良のPRとなる

の6項目を目的とし、サービス向上と同時に最少の投資をもって最大の収益をあげる経営合理化を企図したものであった。

島秀雄が描いたシナリオに沿うようにして実績が積み上げられていった。

こうして昭和32（1957）年11月12日、国鉄の意思決定最高機関である常務理事会で、

①33（1958）年内に実施する

②2編成により1日2往復とする

③下記の2・3等編成とする

ことが正式に決定された。

国鉄にとって長年の懸案《けんあん》だった「東京〜大阪日帰りの夢」が電車列車で実現することになったのである。

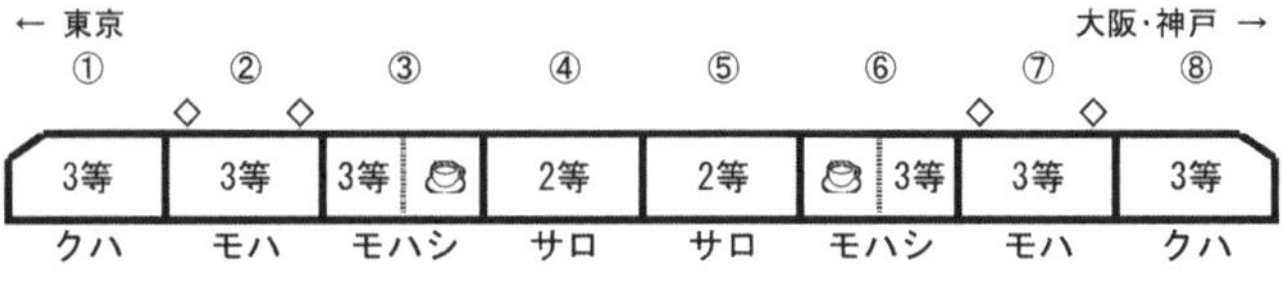

3章

ビジネス特急の新技術

先進諸外国の特急車両を超えろ

——ビジネス特急の設計コンセプト

ビジネス特急の営業運転開始は昭和33（１９５８）年秋のダイヤ改正と決まった。今までの慣例でいけばダイヤ改正の行われる10月が運転開始となる。したがって設計・製作に許された期間はわずか11か月……。すでに設計が完了している電車を製作するだけでも10か月はかかる。数多くの新設計を盛り込まなければならないビジネス特急を開発するには過酷なほどの短さであった。

国鉄の車両は特定のメーカ1社が設計・製作することは少なく、国鉄のリーダーシップのもとに関係メーカが共同で設計する方式で進めるのが一般的であった。

当時の国内総設備投資の５％弱に近い数値を国鉄が占め、車両工業界にとっては受注の過半数を国鉄が占める大きな需要家、つまり大得意先であった。工業技術水準も発展途上にあった時代、国鉄技術者は車両工業をはじめとした日本産業を発展・育成する使命を担《にな》っていたのである。

国鉄の車両設計部門は日本に車両メーカが設立される前の明治年間に設計係が設けられたのが始まりといわれ、国産化を育成する見地から前述の共同設計方式が大正年間には確立していた。日本国有鉄道発足後は工作局客貨車課・動力車課が他の業務と兼務して設計業務を行っていたが、前述の電車化調査委員会が設立された昭和32（１９５７）年当時は、ナハ10形などの軽量客車やディーゼル準急用キハ55系などの近代化車両群は好評裏に使用されていた。

さらに新形通勤電車モハ90形が落成直前だっただけでなく、交流電化に対応した電気機関車、大型ディーゼル機関車、さらには九州特急用固定編成客車（後のあさかぜ形客車）などの新形式車を誕生させなくてはならない状況にあり、車両計画も行っていた工作局客貨車課と動力車課では急増する設計業務に対応できなくなっていた。

しかし当時の本社機構は減員の情勢にあったことから、車両設計機構は本社付属機関として工作局から臨時に分離独立させることとなり、同年2月に「臨時車両設計事務所」が発足し、設計要員を増強して近代化車両群を生み出す素地ができあがっていた。

工作局長は必ず臨時車両設計事務所長を兼務する、つまり車両の誕生から廃車にいたるまでの政策を一本化する組織が確立し、戦中戦後の技術的停滞で立ち遅れていた日本の車両技術水準の向上を牽引《けんいん》する体制が築き上げられたのである。

ビジネス特急は優れた乗り心地の台車と軽量構造車体を組み合わせ、当時試作途上にあったモハ90形の制御装置・モータなどの電気機器とブレーキ装置を適用する考え方を基本に構想の検討が進められた。

星晃　ほし・あきら

大正７年12月生　富山市出身。東京帝国大学工学部機械工学科卒業
昭和17年９月　鉄道省（後の国鉄）入省
昭和32年２月～　臨時車両設計事務所電車主任技師、旅客車担当次長などを歴任し、ビジネス特急・新幹線電車・月光形寝台電車など近代化旅客車の車体設計に従事
昭和42年12月～　本社副技師長
昭和44年３月～　川崎重工業車両設計部長・車両事業部長・常務取締役などを歴任
平成元年４月　勲三等瑞宝章 叙勲。日本機械学会名誉員に推挙
平成24年12月没

取りまとめ役の大任を担ったのは設立間もない臨時車両設計事務所電車担当の星《ほし》晃《あきら》主任技師で、車体関係の設計は星を中心に川崎車輌、近畿車輌、汽車会社、日本車輌の車両メーカ技術者で構成されるチームで進められた。

少年時代から鉄道をこよなく愛していた星晃は鉄道省に入職、戦後は湘南電車をはじめとした客車・ディーゼル動車などの車体設計に一貫して携《たずさ》わり、欧州への1年間の出張を経てナハ10形などの軽量構造の近代化車両を世に送り出し、ビジネス特急の第1回設計会議が開催された32年12月には技術屋として脂《あぶら》の乗り切った39歳の誕生日を迎えていた。

星はビジネス特急の設計コンセプトとは……との質問に、

「当時は設計コンセプトという言葉は使いませんでしたが、先進国に負けない設備と性能を持つ特急電車を作る、という方針で臨みました」

と答えた。それは乗り心地が悪く騒音も大きい電車は長距離列車には不向きだと考える電車反対論者に、電車の優秀性を現実のものとして示すことを意味し、同時に島秀雄《しまひでお》が長年抱いていたコンセプトを具現化するものでもあった。設備面の骨子《こっし》は、

①特に防音を考慮した設計とし、車体幅を２９００㎜（湘南電車や従来の客車は２８００㎜）までに拡げる

②冷房装置としてユニットクーラを屋根上に配置し、暖房は電気暖房とする

③照明は蛍光灯とし、洗面所の温水は電熱式とする

④側窓が固定のため、売店・食堂はなるべく多くの乗客が手軽に利用できるようなものとする

⑤台車は空気ばねを用いて乗り心地を向上する

などで、国鉄の代表的高速電車にふさわしいサービスを実現しようとするものであった。ビジネス特急であることから従来の客車特急のように手荷物同時輸送用の荷物車を組み込まず、旅の楽しみの１つである食堂車も当時流行し始めていた立食のスタンド形式とするなど近代的な編成とする構想が立てられた。また制御・照明・冷暖房・温水用の電源として大形発電機を使用し、ブレーキなどに用いるコンプレッサと一緒に先頭部に設ける機器室に搭載した。

高速運転を考えてイタリア国鉄の電車特急「セッテベロ」のような高運転台方式にするが、前面展望方式は踏切の多い日本の国鉄では適当とはいえない。したがって騒音源となる発電機とコンプレッサを客室から遠ざけるため先頭部に配置しよう、というのが星の考えであった。

「私が欧州に出張する前に視察に行かれていた島さんから、イタリア国鉄に斬新な特急電車がデビューしたから、ぜひ乗車体験してくるようにとのアドバイスをもらっていたのです。イタリア国鉄に行ったときには『セッテベロ』の運転台にも乗せてもらいましたが、その車内設備は参考になりましたね」

星は当時の模様を語った。

事実「セッテベロ」に範をとった設備をパーラーカーで実現させることになるのだが、それ

イタリア国鉄の「セッテベロ」。車内設備やデザインは日本の鉄道車両に大きな影響を与えた（所蔵：公益財団法人鉄道総合技術研究所）

は後述することにしたい。

小声で会話のできる車内を目指せ
——防音研究委員会の提言を採り入れた車体構造

駆動方式が改良された新形通勤電車のモハ90は従来のつりかけ式電車に比べて騒音が大幅に小さくなっていたが、ビジネス特急ではさらに静かな室内の実現を目指した。

東芝マツダ研究所、ＮＨＫ技術研究所、東京大学生産技術研究所など騒音研究の権威で組織されたプロジェクトチーム「車両防音研究委員会」が昭和32（１９５７）年8月に発足し、ビジネス特急とあさかぜ形客車を対象に防音防熱構造の検討が進められた。

走行中の客室内の騒音は65デシベル以下なら快適、65〜75デシベル程度なら良好、75デシベル以上なら不良（心理的限界）、１２０デシベル以上なら苦痛を感じる（生理的限界）と言われており、防音委員会では走行中の客室内の騒音レベルを65デシベル以下とする目標が定められた。

鉄道車両の騒音は空気音（走行中に発生した音が直接空気音として伝播《でんぱ》する音）と固体音（車輪・レール間で発生した振動が台車を経由して車体に伝わり、最終的に車体内壁《ないへき》の振動となって発生する音）に大別されるが、比率としては固体音が大きい。これを防止するためスタジオ床の防振構造が委員会から提言された。

この提言はビジネス特急の設計に取り入れられ「浮床構造」と呼ばれる世界でも初めての試みである防振構造が採用された。

「鉄道車両の遮音にはマス（mass：重さの意）がある程度必要なのですが、ビジネス特急ではマスをかけずに遮音しなければなりません。その制約条件をクリアするのに苦労しました」

委員会のメンバーの1人で、建築関係の技術文献も参考にしながら中空の防振ゴムを開発した汽車会社設計課の安井義彦《よしひこ》の思い出話である。

さらに委員会から、吸音のため天井板に小さい穴を多数開けた多孔板《たこうばん》が提言された。

「天井板に小穴をたくさん開けることによって音を減衰させる効果を持たせたのです。吸音効果はあったのですが、天井板にたくさんの穴を開けるコストがかかります。後の特急車両では『費用対効果』を考えて、この小穴は廃止されましたね」

安井は当時を振り返りながら語った。

＊

ビジネス特急には前述のように東芝製のユニットクーラが搭載されることになり、現車試験のため32年度夏期に1両分を試作し、湘南電車の2等車に取り付けて8月24日から東京～伊東

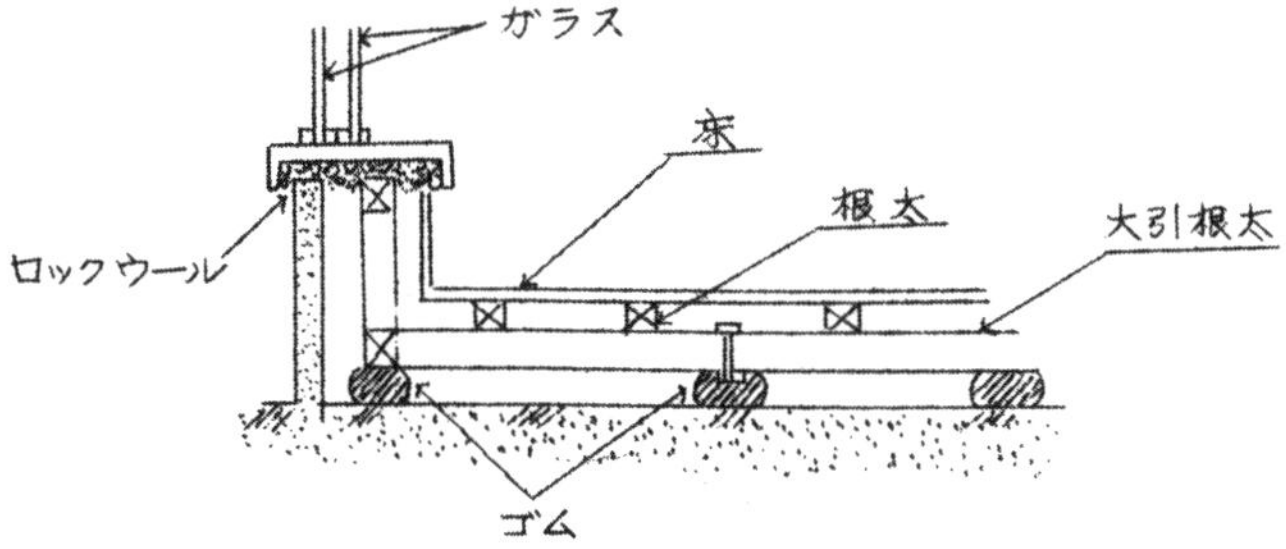

スタジオ床の防振構造

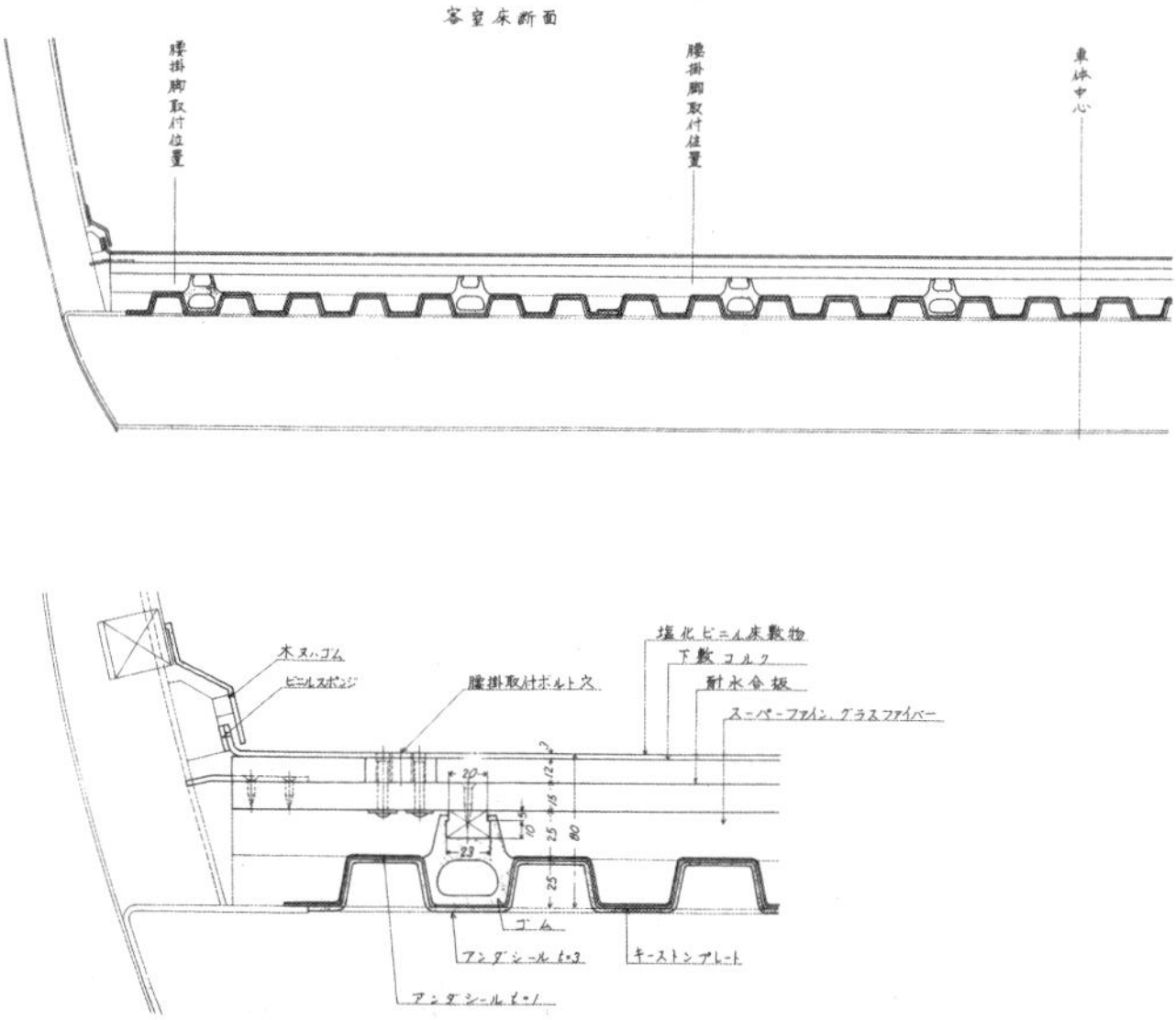

ビジネス特急の浮床構造

間の週末準急「たちばな」から営業運転に試用された。

この年は試用開始後1週間で涼しくなってしまうという「ご愛嬌」もあったが、翌33（1958）年度夏期はフルシーズン試用でき、当初懸念された冷却能力は問題ないことが確かめられた。

しかし、水漏れという思わぬ伏兵に出合った。エバポレータ（熱交換器）などの結露により発生する水は受皿で溜め、ポンプで室外、つまり屋根上に排水する設計になっているが、走行中の振動で受皿から客室内にあふれ出てしまったのである。

このときの実績や同時期に試用されたフジテレビ中継車が箱根を登坂《とうはん》したときの結果を踏まえて受皿の形状などを改善した量産品がビジネス特急に搭載されるのである。

ユニットクーラを取り付けたのだから窓を開閉可能にする必要はない、スタンド形式の食堂車に設けた売店で駅弁などは購入できる、星は当時国産化されて間もない密閉式2重構造ガラスの固定窓の採用を決断した。

これは騒音防止に大きな効果をもたらした。これらの集積が従来の電車では考えられない静かな車内を実現したのである。

ビュフェは最先端の電化キッチン
——時代を一歩先取りした車内設備

ビジネス特急の設計にあたり「鉄道旅行」の良さを知悉《ちしつ》していた星が、静かな車内のほかにもう１つ目指したものがあった。

それは単に速く走るだけの味気ない車両ではなく、時代を一歩先取りした車内設備と旅の楽しさを演出する設備であった。

「通常の生活よりは一段優《すぐ》れた、現代流にいえば『非日常的なゆとりある空間を演出する』とでもいうのでしょうか、そんなものを目指しましたよ」

星は生徒に教えるような口調で語った。

車内の照度もその１つである。星はビジネス特急の車内を従来車よりも明るくしようと考え、５５０ルクスを実現させた。この数値は当時「最も明るい場所」といわれていた三越本店の店内に匹敵《ひってき》するものであった。

白熱灯が付いていたつりかけ式の国電は１００ルクスに満たず、蛍光灯が付いた営団地下鉄丸ノ内線用の新形電車が３００ルクスで明るい車内と言われた時代、ビジネス特急は文字通り贅沢な明るさを提供したのだった。

ビジネス特急の食堂車はスタンド形式の半室食堂車を2等車の前後に配置して、3等車の乗客が2等車を極力通らないよう配慮されたが、この食堂車の名称は時代の先端を行くように「ビュフェ」とネーミングされた。

「ビュフェとネーミングしたのは、当時の営業局旅客課総括補佐だった柳井乃武夫《のぶお》さん（後に国鉄旅客局長・常務理事などを歴任）です。外交官の家庭に生まれてフランスで長く生活された柳井さんが、ヨーロッパで一般的なフランス語のビュフェ（buffet）を提案されたと聞いています。それまで『軽食堂』という言葉はありましたが、食堂に軽いも重いもない、外国の言葉をそのまま使ったほうがいいというのが柳井さんのご意見だったと思います。当初はお客様を立って食べさせるのはけしからんという意見もありましたが、営業運転を開始したらビジネスマンにはもてはやされアピールしました」

と、後年に旅客局長・JR東海社長などの要職を歴任した須田寛《すだひろし》はネーミングの経緯を語った。

このビュフェは当時の人々にとって憧れともいえる電化キッチンだった。電気冷蔵庫、電熱式酒カン器、ジュースクーラ……そしてエアタオルは乗客の注目の的《まと》となった。星が考案して松下電器に特注したものだった。

「エアタオルは和製英語ですが、これは手洗い後の濡れた手でハンカチを取り出したりしなくてすむように考えました。構造的にはドライヤと同じですが当時はそのような市販品などない時代でした」

エアタオルは現在でこそ一般のオフィスビルにまで普及しているが、商品化されたのはビジネス特急にはるか遅れた昭和50年代になってからのことで、時代の先端を行くビジネス特急を象徴する存在でもあった。

エアタオルの上には速度計が取り付けられた。ビュフェでコーヒーを飲みながら眺める車窓の速度が即座に分かる、そんな旅の楽しさを提供した。

星はビュフェをコーヒースタンド形式で当初は考えたが、夜間にも運転されるということでアルコール類を提供する、つまり熱燗《あつかん》を提供する必要もあった。当時の一般家庭で使

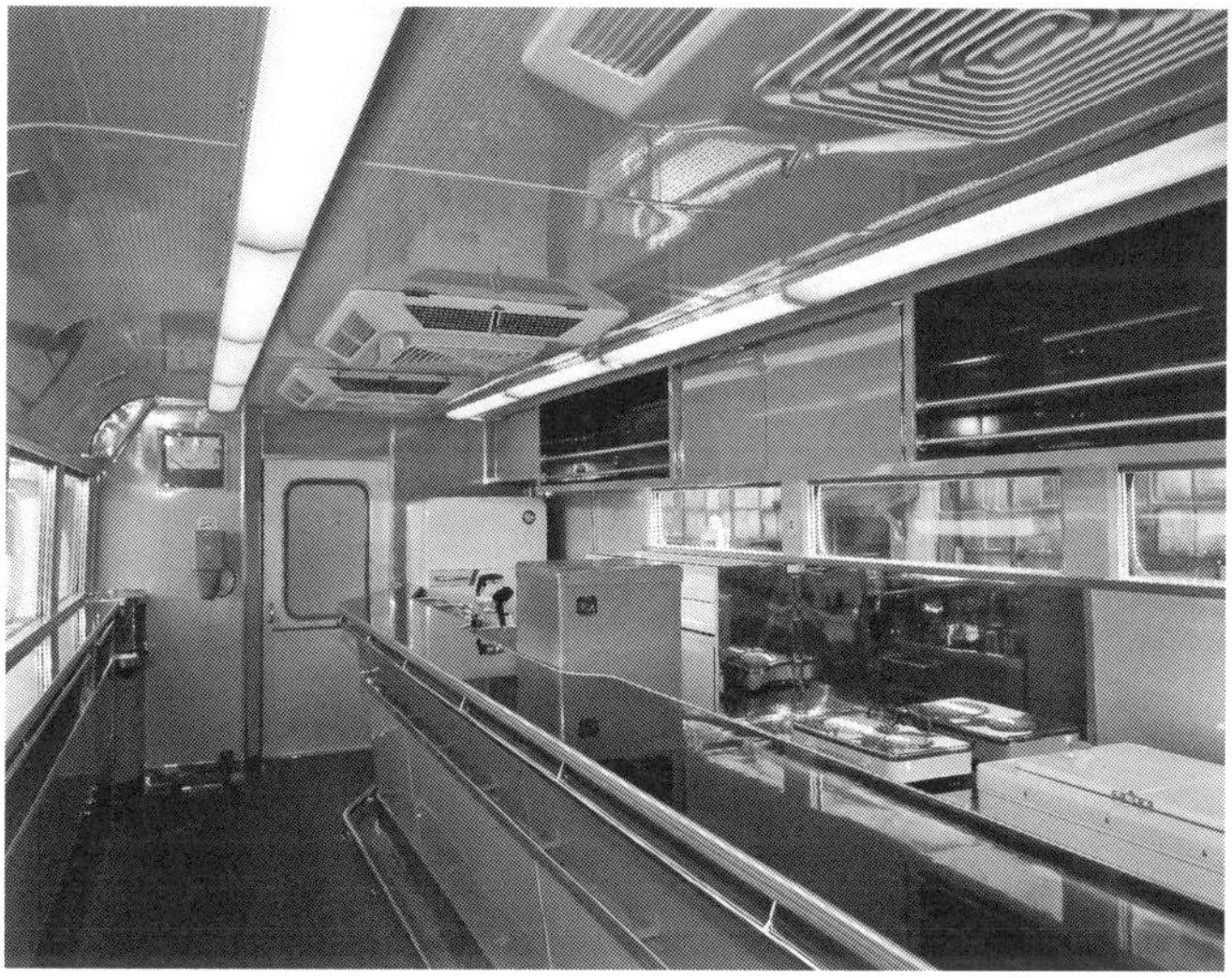

ビュフェ室内（提供：近畿車輌）

用していた七輪（炭または練炭を燃料とする土製のコンロ）を載せるわけにはいかない。新技術の粋を集めたビジネス特急の食堂車から蒸気機関車のように煙を吐き出すようなことはできなかったのである。

星は電熱式酒カン器を東芝に特注した。現在でこそ居酒屋などに普及しているが、そのような便利な電化製品は市販されていない時代だった。東芝が数年後に製品化したこの電熱式酒カン器は、エアタオルほど目立たないが星にとって思い出深い機器となったのである。

思い出深いといえば、ジュースクーラもその1つである。これはジュースなどを浸した水槽を冷却する構造で早く冷やすことができたが、ビン製品のレッテルが剥《は》がれてしまう現象が発生したため、後の増備車では冷蔵庫式に変更された。

「現在のような缶ジュースが普及するのは昭和40年代になってからのことですからね。39年に開業した新幹線電車を設計した当時も窓の内帯（窓下部に小物を置ける台になるところ）の寸法は、当時のビールビンを載せられる大きさにしたものです」

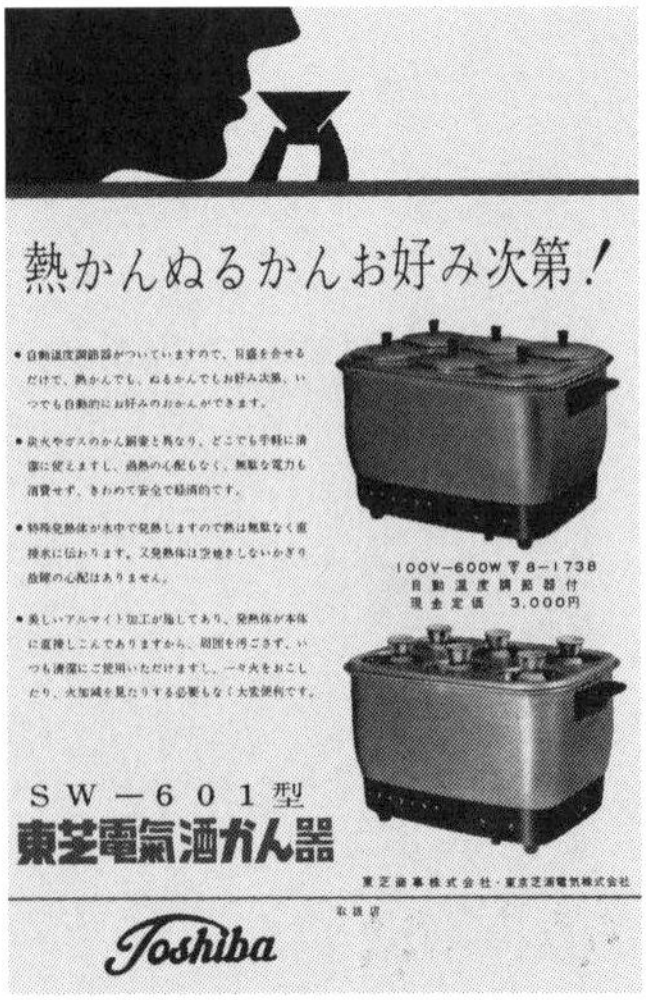

後に東芝が商品化した電熱式酒カン器カタログ（所蔵：福原俊一）

と星は語った。

3等車にも快適さを
——ビスタカーのノウハウが活きた回転式腰掛

従来の客車特急は前述のように終端《しゅうたん》駅で編成ごと方向転換していたので、3等車は進行方向を向いた固定式腰掛が使われていたが、ビジネス特急の3等車の腰掛は大阪（東京）で短時間に折り返し運転するため、転向可能な構造にする必要があった。

日本人はロマンスシートの通称で呼ばれる「進行方向を向いた座席」を好むようで、このニーズに応えるため、他の輸送機関と異なり双方向で運転される鉄道車両は腰掛の背ずりを転換させる転換式腰掛が古くから使用されていた。

首都圏では採用例が少ないが、他都市圏の快速電車に広く採用されている転換式腰掛は、その構造上、背ずり部分にテーブルが取り付けられない欠点があった。ビジネス特急といえども車窓を愛《め》でながらテーブルに置いた弁当を食べる鉄道旅行の良さを忘れてはならない。星はディーゼル準急用2等車に使われていたものと同様の回転式腰掛を備えるように考えた。

この回転式腰掛は背ずり裏面にテーブルが取り付けられることはもちろん、従来の固定式腰掛や転換式腰掛よりも掛け心地が優れているメリットもあったが、回転させるときに腰掛下部のペダルを踏まないとロックが外れない構造になっており、大阪（東京）で短時間に折り返し運転するビジネス特急で使うには工夫の余地があった。

名古屋と大阪を結ぶ近畿日本鉄道は名阪間に特急電車を運転させ、国鉄のディーゼル準急「かすが」や電車準急「比叡」としのぎを削っていた。

近鉄は戦中の国策で前述の参宮《さんぐう》急行など複数の私鉄が合併して現在の路線網となった歴史を持つことから、当時の大阪線は標準軌で名古屋線は狭軌《きょうき》であった。名阪間を結ぶ特急電車は途中駅の伊勢中川で乗り換えなければならないハンデを背負っていたため、近鉄は名古屋線を標準軌化して名阪直通運転を計画し、直通運転用特急電車として日本初の2階建て車両を昭和33（１９５８）年7月に就役させた。後に近鉄の代名詞となるビスタカーである。

ビスタカーもビジネス特急同様に短時間で折り返し運転するため、終端駅で簡単に方向転換できる腰掛が要求された。ビスタカーの設計に携わった近鉄車両部車両課長の赤尾《あかお》公之《ただゆき》と近畿車輌設計課長の菅野《すがの》久嗣《ひさつぐ》は知恵を絞り、腰掛の背ずりを押せばロックが外れ、転換式腰掛並みに容易に回転できる苦心の作品を創り上げた。

「赤尾さんと2人で打ち合わせをしていたとき、茶目っ気のある人が私の背中を押したのです。そのときに背ずりを押すことでロックが外れる機構がひらめきました」

菅野は苦心の作品が誕生した瞬間の思い出を語った。

２人はこの折角のアイデアを商売敵《がたき》（？）でもあるビジネス特急が使用することを拒まなかった。「先進諸外国に負けない設備と性能を持った特急電車を作る」——その思いは赤尾・菅野も同じだった。２人は同志ともいえる星たちプロジェクトチームに背起こし式回転腰掛のノウハウを提供した。

ペダル式回転腰掛では背ずりが傾斜した状態で回転するため、前後に広い空間が必要になる。ビジネス特急3等車の腰掛前後間隔（シートピッチ）は定員、つまり輸送力との兼ね合いから９１０㎜となったが、このピッチでペダル式回転腰掛の向きを転向するには車端部から順番にかつ一斉に行わなければならな

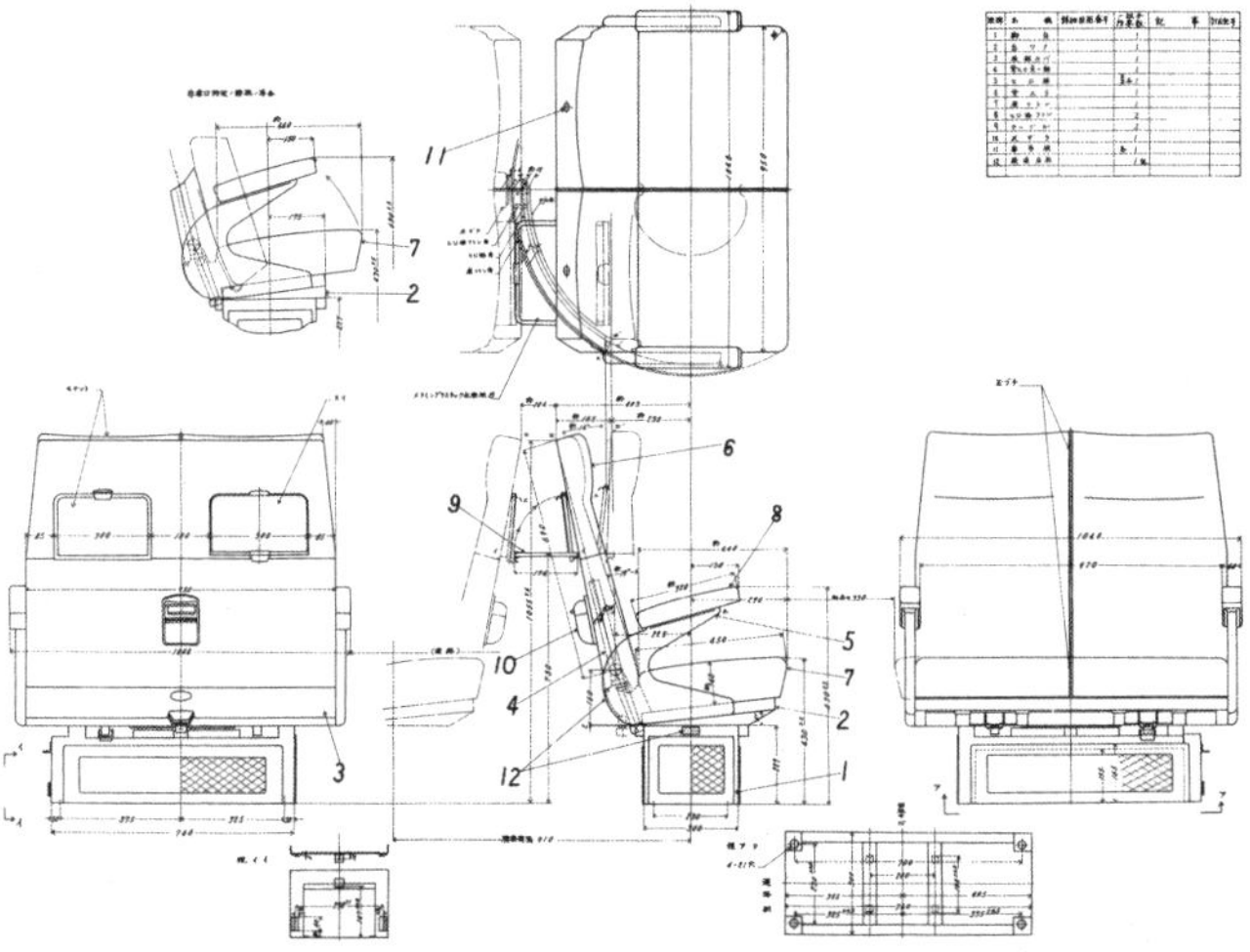

背起こし式回転腰掛

かった。

初期のあさかぜ形3等座席車はこの方式が採られたが、ビジネス特急では狭い空間で回転ができる背起こし式回転腰掛を用いることにより、1脚ずつの回転が可能となり、併せて4人連れが向かい合わせで座れるサービスも提供できるようになった。現在の新幹線電車や特急電車の普通車で当たり前のように見られる「小グループ客が座席を向かい合わせている」光景は、実はビジネス特急が元祖なのである。

この回転式腰掛は残念ながら（?）現在では「博物館入り」してしまったが、3等車が普通車と名称を変えた後にリクライニングシート化されるまで、国鉄特急車両の標準形として普及していたのである。

シートラジオとビジネスデスク
——知恵を絞った2等車の設備

ビジネス特急は全3等車のモノクラス編成とする考えで進められたが、2等客を考慮して最終的には2等車が組み込まれることになった。3等車の設備はすでに普通2等車並みにグレードアップする構想で固まっており、この設備はそのままにしておいて2等車をいかに（それ相応に良いほうに）差別化するかで星は頭を悩ませることになった。

現在でこそリクライニングシートは特急普通車にまで採用されているが、当時は特別２等車と１等車にだけ許された設備だった。

ビジネス特急２等車も当然ながらリクライニングシートが装備されることになったが、それだけではパッとしないので代わり映えをつけるため、モケットを従来のモノトーンから豪華な感じのする段付模様に変更した。現在の特急車両のモケットは色彩や模様に工夫が凝らされているが、その元祖的存在となったのである。

段付模様のリクライニングシートにはシートラジオも取り付けた。シートラジオサービスは昭和32（１９５７）年12月から近鉄特急で実施されていたが、それをさらに改良して２等車各座席にイヤフォンとＮＨＫ第１・第２放送が選局できる切替スイッチを取り付けた。

近鉄特急では佐田《さだ》（現在の榊原《さかきばら》温泉口）付近で局を切り替えていたが、運転区間が長いビジネス特急で実現するには東京、静岡、名古屋、大阪と各局を切り替える必要があることから、松下通信工業考案の特殊アンテナが屋根上に６個取り付けられた。

シートラジオは乗客から好評を博したが、受信料を請求してきた放送局にいくら払うかということで議論になり、２往復の列車なので２台分の受信料を払うことで決着したとか、民間放送連盟から民放局も聞けるようにしてほしいと正式な申し入れがあったとか、多彩な（？）エピソードが残された。

「シートラジオはイヤフォン式から耳かけ式に改良したりしました、イヤフォンの消毒やコードの断線など保守面では現場に苦労をおかけしましたね。営業運転中のラジオ局切り替えも手動でしたが、これは車掌室で行いました」

シートラジオに関する星の思い出である。

2等車の車内に設けた乗客専務車掌の通路を挟んだ反対側には、簡単な事務作業ができるビジネスデスクを用意した。

「専務車掌室の向かい側なので客席を作りにくかったこともあり、ビジネス特急らしさを出そうと考えたのです。ただ当時の特急2等車の乗客といえば重役クラスの方ばかりで、書類などは部下が作成していたのですから、2等車の乗客にはあまり利用されなかったと思いますよ」

星は笑いながら語ったが、現在の特急車両に普及しているモバイル電源用コンセント付きシートの大先輩にあたる設備なのである。

2等車に設けられたビジネスデスク（星晃）

電車のなかで文字が書ける乗り心地を目指せ

——日本が世界に広めた空気ばね台車

列車の乗り心地を左右する台車は技術の進歩で大幅に改良されていたが、高速運転を行うビジネス特急では一層の乗り心地向上が必要であった。

国鉄の線路、車両、電気施設、信号保安設備などの規格を定めた日本国有鉄道建設規程では「連結器高さは軌条（レール）面上７９０㎜以上８９０㎜以下とする」と定められているため、これに縛られて空車時と超満員時で高さの変わるコイルばね（金属ばね）ではクッションを柔らかくして乗り心地を向上させるには限界があり、台車に携わる技術者の「宿題」となっていた。

戦前期から蒸気機関車の設計に携わっていた車両設計のベテランで汽車会社車両機械技術部長の要職にあった高田隆雄が昭和29（１９５４）年に米国を視察したとき、長距離バス会社であるグレイハウンド社の空気ばねを採用した新形バスをＰＲするポスターを見かけた。

空気ばねを使用した台車は24（１９４９）年に誕生した横浜市電１５００形で実用化されていたが、日立が製作した空気ばね台車は金属ベローズが使われたため金属疲労や乗り心地の問題が発生し、残念ながら失敗作で終わっていた。

これに対してグレイハウンド社新形バスの空気ばねはゴムベローズを使っていた、これならば前回の轍を踏むことなく空気ばねの特性を発揮できるのではないか……強いインスピレーションを受けた高田は、帰国早々部下に試作を命じた。

空気ばね台車は、

①荷重《かじゅう》が変動しても内圧が変わるだけで高さが変動しないため、連結器高さに制限されることなく上下振動を改善できる

②金属ばねでは構造上吸収が難しい高周波振動（車体にビリビリと伝わる振動）の吸収が優れている

などの特長を持つことから乗り心地の改善が期待されたのである。高田のアイデアには国鉄工作局も関心を示し、その提案を受け入れて台車を空気ばねに改造したディーゼル動車を使用して昭和31（1956）年に現車試験を実施した。

これに続いて国鉄同様に興味を示した京阪電鉄での長期現車試験を経て、枕ばね（台車からの振動及び衝撃を緩和する台車枠と車体との間のばね装置）に3山ベローズの空気ばねを用いた台車が32（1957）年度に試作され、京阪電鉄のテレビカーで良好な乗り心地を示していた。

ここでテレビカーの説明をしておこう。京都と大阪との都市間輸送で国鉄東海道本線や阪急京都線と競合する京阪電鉄は、古くから高速運転とサービスを前面に掲げ、昭和20年代後半には沿線にある松下電器とタイアップして、特急電車（特急料金は不要）でテレビ放送のサービス

を開始していた。

テレビ受像器が一般家庭にほとんど普及しておらず、街頭テレビに庶民は目を見張った時代、京阪電鉄は時代の先端を行くサービスを提供した。ちなみにビジネス特急の設計に際し、テレビ受像器の取り付けを星は考えたが、車内天井高さの制約などから断念したという。衛星放送や液晶テレビなどが生まれるはるか昔のことである……。

話を空気ばね台車に戻すが、京阪電鉄での実績などを経た空気ばね台車はビジネス特急に採用されることになり、その性能を確認するため前述のモハ90試験車に仮設された。振動のない滑《なめ》らかな乗り心地を実感した幹部の1人は「電車のなかでも字がうまく書けるじゃないか！」と感心した。

確かな手応えをつかんだ関係者は満面の笑みを浮かべた。

＊

新幹線の開発を題材にしたＮＨＫの人気テレビ番組に鉄道技術研究所に在籍した海軍出身の松平精《まつだいらただし》が登場していた。松平は高速台車振動研究会の主力メンバーの1人であり、台車の振動研究に果たした多大な功績は関係者の誰もが認めるところであるが、この番組では空気ばねの開発まで松平ひとりの功績であるかのように放送していた。

空気ばね台車はここまで記したように、戦前から車両設計に携わっていた1人の技術者が諸

モハ90空気ばね台車と高田隆雄（星晃）

空気ばね台車付の試験車車内。島秀雄技師長（左端から3人目）の表情が普段にも増して柔和なのは、良好な乗り心地に長距離高速電車実現の確信が得られたからであろうか。右端から2人目が電車化調査委員会の委員長であった石原米彦副技師長（星晃）

外国の技術を模倣することなく、ゴムベローズを鉄道車両に応用して独自に開発した技術であり、その後世界的に普及した日本発の車両技術の一例であることを、ここにあえて明記しておきたい。車両技術の歴史を正確に残すために……。

それはさておき、高田が米国で空気ばね台車のヒントを得ていた頃、近畿車輛はスイスのシュリーレン社と技術提携し、軽量で乗り心地のよいシュリーレン台車を実用化していた。菅野久嗣はさらなる乗り心地向上のため、空気ばねの開発をブリヂストンタイヤと共同で進め、その成果は前述のビスタカーに適用された。こだま形・近鉄ビスタカーと同時期に誕生した「あさかぜ形」客車にも空気ばね台車が採用された。昭和33（１９５８）年に誕生したこれらの優等車両で空気ばね台車が一斉に開花したのである。

ビジネス特急で使われた空気ばね台車は枕ばねのコイルばねを空気ばねに置き換えた構造、つまり空気ばねを上下振動の吸収にだけ利用する構造であったが、左右動に対して空気ばねの横方向の復元力（これを横剛性《よこごうせい》という）を利用することにより、ゆれまくら装置を簡略化した構造の台車へと発展し、昭和37（１９６２）年に誕生した急行形交直流電車で結実しただけでなく新幹線電車にも採用された。

現在の空気ばね台車は、空気ばねの剛性を利用してゆれまくら（ボルスタ）自体を廃止した構造のボルスタレス台車へと発展し、新幹線電車から通勤電車にいたるまで広く使用され、乗り心地の向上に貢献しているのである。

スピード感あふれるフォルムを創れ

――オーバーにくるまって立ち会った風洞試験

「先頭形状は機能的な条件を満足し、美しく魅力的なものが要求される。電車の顔はいかにしてユニークさを発揮し、しかも製作を容易にするかが設計者の最も苦心するところであり、また楽しみの一つでもある」

ある車両設計者が専門書に記した一文であるが、高速運転時に適した形状の確定はビジネス特急設計の課題の1つだった。昭和29（１９５４）年に欧州諸国の車両調査に長期出張し、就役間もないイタリア国鉄の電車特急に試乗していた星は、高速運転に適した高運転台の採用をいち早く決断した。

しかし先頭部の展望席は踏切が多く、衝突事故の危険性が高い日本の鉄道では適しているとは言い難い。そこでビジネス特急では高運転台の前部に騒音源となる発電機とコンプレッサを格納する構造を考え、島秀雄技師長の了解をとりつけた。

騒音源を客室から遠ざけて防音効果も併せて狙ったものだが、あまりとがった形状ではこれらの機器が納められず、しかも点検時には検査修繕要員が入れるようにする必要もあることから、カドの丸みを持たせた流線形に近づけたボンネット形状とする構想を固めていった。一方、台車中心から先端までの長さは限られているので、この範囲内で4種類の木型模型を制作して比較検討を行った。

21世紀になってからのことだが、星から「こだま形の先頭デザインは、どうやって創ったか知っていますか」と聞かれたことがあった。

「星さんをリーダーに、設計チームのなかの車両工業デザイン委員会メンバーの補佐のもとに決定していったと理解しています」と答えたところ、「あのデザインは私ひとりで考えたのですよ」と静かに語った。

国鉄とりわけ車両技術者は自らの手柄を声高《こわだか》に言う人はほとんどいない。星は自らの功績を自慢げに語ることはなく、設計チームやメーカの功績を称えられるのが常だった

昭和33年1月に作成されたビジネス特急デザインパース。当初は「さくら」の定期列車化で構想されていたことから、愛称名には「さくら」と書かれている

（正直に書くが、星さんの爪の垢《あか》を煎《せん》じて飲みたいと何度思ったことか……）が、この件については正確な事実を残すようにという意図で教えていただけたと思っている。

星は4種類の木型模型を比較検討し、少しでもスピード感を持たせるべくボンネットの上端部が下部よりも前に少し突き出ている形状を選定した。

前灯はフード付きを試み、標識灯と上下にまとめて収め、ボンネットと一体に作って塗色によりハッキリさせて両側の落ち着きを持たせるようにしたとのことだった。

こうして決まった先頭部構体の設計は川崎車輌が担当して先頭部線図などが作成された。先頭部形状で高速運転時の空気抵抗は問題ないか、またユニットクーラを並べ

ビジネス特急木型模型（所蔵：福原俊一）

た屋根上機器間の風圧・干渉は問題ないかを確認するため、大阪大学工学部の3・5m風洞を借用して1／5模型と実物大ユニットクーラの風洞試験が実施された。

大阪大学の風洞を借用したのは当時の関西地区、つまり神戸の川崎車輌の地元で最大級だったこと、ビジネス特急の設計陣に風洞試験のノウハウがなかったので大阪大学工学部千田研究室の指導を仰ぐ必要もあったこと、というのが理由であった。

気流観察のため1／5模型の室内外には毛糸が取り付けられたが、先頭部形状・屋根上機器のいずれも流糸の乱れがない良好な気流結果が確認された。

試験が実施されたのは昭和33（1958）年2月26日～3月1日にかけての寒い時季であった。「風洞試験にはオーバーにくるまって立ち会ったことを昨日のことのように覚えています」と星は語った。

ところで、ビジネス特急の設計には車両工業デザイン委員会のメンバーが大きく貢献した。

「湘南電車の正面2枚窓スタイルは島さんの直接のリーダーシップによる賜《たまもの》ですが、このスタイルが後の私鉄から輸出車両にいたるまで広く波及してきました。これを見て我々（国鉄・車両メーカで車体設計に携わる技術者の意）は、これから新しく設計する車両のデザインは一層重視しなければならないと感じるようになったのです」

星の言葉であるが、国鉄の車両デザインに対する考え方は、

大阪大学の風洞を借用して気流状態を観測しているところ（所蔵：福原俊一）

関係者がオーバーにくるまって立ち会った大阪大学の風洞を借用した試験（星晃）

①日本国有鉄道の車両にふさわしい風格を備えたものであること
②軽薄を避け落ち着きのあること
③長年月の使用に耐えること
④標準化思想に配慮すること

の基本的考え方が貫《つらぬ》かれ、湘南電車に代表される「鼻筋の通った流線形」は国鉄の顔となり、そのポリシーはビジネス特急にも継承された。

工業デザインがまだ工業意匠と称されていた時代、車両設計者で工業意匠に興味を持つインフォーマルな研究グループが結成され、そのメンバーだった川崎車輌の米満知足《よねみつともたり》、汽車会社の安井義彦らがビジネス特急の設計に携わることになり、米満の提案によるインテリアのカラーリングなどに具現化されていった。

デザイナー登用ルートのなかった当時の国鉄は、後に車両工業デザイン委員会へと発展した研究グループの活動を支援推進し、新幹線電車のインテリアデザインから通勤電車の運転台にいたるまで多くの成果を残しただけでなく、車両メーカ各社に工業デザイナーという「人財」を残したのである。

ビジネス特急は先頭部両脇に前灯が取り付けられた。国鉄では「ヘッドライトは前部標識」という考えから前照灯とは言わずに前灯と称しているが、蒸気機関車の形態を思い浮かべていただければ分かるように、この前灯は1灯が古くからの常識で、当時の省令や部内の規程では「夜間の前部標識として前灯を上部に1個掲出する」と定められていた。

道路交通量が現在よりはるかに少なかった時代にブラスト音を響かせて驀進《ばくしん》する蒸気機関車では1灯で充分だったかもしれないが、高速での運転を建前とするビジネス特急では蒸気機関車の伝統を継承するわけにはいかない、かくして国鉄に前灯を2個以上取り付けた旅客車が登場することになったのである。

「高速運転のため前方を明るくしようと考えて運転局に提案したのです。運転局で運輸省の了承をもらいました」

という星の言葉を補足すると、ビジネス特急は前述の省令に抵触《ていしょく》するため運輸大臣の特認を得るなどの手続きが必要だったのである。なおビジネス特急を契機に、以後の近代化車両では前灯を2個以上取り付けるのが当たり前になったことから、間もなく省令や規程は「前灯を上部に1個以上掲出する」と改正された。

*

先頭部デザインをまとめるうえで最も苦労したのが前面ガラスであった。自動車用の曲面ガラスが量産されるはるか以前の曲面ガラスが高価だった時代、従来の鉄道車両は先頭部といえども平面ガラスが使われていた。湘南電車に代表される「鼻筋の通った流線形」も実は平面ガラスを考えてのものだった。

しかしビジネス特急では流麗なデザインを実現させるため、平面と曲面の1枚ガラスが必要になった。細かく言えば曲面は上部と下部で曲率《きょくりつ》と呼ばれるカーブの大きさが異なる複雑な形状をしているうえに、前面ガラスのため万一の事故を考えて合わせガラスを使わなければならない。

「平面と曲面で構成される合わせガラスの1枚窓ではガラス製作も容易ではないので、工作の容易な形状を設計会議で提案したのですが、『パノラミックな1枚窓を是非実現してほしい』と星主任技師から一蹴《いっしゅう》されました」

車体設計を担当した川崎車輌設計課の平墳《ひらつか》幸男《ゆきお》は当時を振り返るように笑いながら語った。そこまでユーザが要望するものを作れないようではメーカの沽券《こけん》に関わるし、それ以前に技術屋として恥である。なんとしても実現させようと平墳は腹をくくった。

「ガラスメーカも難色を示したのですが、こちらも粘ったのです。結局ウチ（川崎車輌の意）の製作する車両は日本板硝子《いたがらす》が引き受けてくれました。ただ寸法の誤差を吸収できるように設計上は車体への取り付けが現物合わせでできるように配慮しましたね」

ガラス取り付けに際しての平墳の配慮だった。

ちなみにビジネス特急の前面ガラスの値段は約3万円であった。大卒初任給が1万円に満たなかった時代なので、現在の貨幣価値に換算すると２枚１組で１００万円を超える高価な製品だった……。

軽くて丈夫な車体を実現した職人的設計者
――陰で支えた鉄道技術研究者

ビジネス特急の設計は先頭形状以上に車体設計が大きな難関で、快適な空間を作り出すため可能な限り大きな空間を作る必要があった。ビジネス特急の車体長は20ｍとしたが、この長さで許される最大幅は２９５０㎜だった。車体断面形状は強度面で有利な卵殻《らんかく》形にして、空間の幅が一番必要になる腰掛の肘掛け部分が最も広くなる形状を作った。

その最大幅は２９４９・２㎜。鉄道車両の車体寸法は一般に10㎜単位で丸め込まれるものである。ビジネス特急の設計に携わったメンバーの情熱と執念を象徴する０・１㎜までこだわった寸法だった。

鉄道車両の車体は台枠（自動車でいえばシャーシ）と側板・屋根板の６面体で構成され、これを「構体」と称している。鉄道車両の構体は窓・戸など開口部が大きい構造物のため、強度を損なうことなく軽量化するには理論的計算だけでなく、完成した構体に荷重をかけて応力を測定することが必要不可欠である。戦前期までは完成した構体に荷重をかけてたわみ量を測定する方法が主流で精確な測定ができず、軽量化といえば「軽かろう弱かろう」という固定観念が支配的であった。

中島飛行機設計部から終戦後に鉄道技術研究所に転進した中村和雄《なかむらかずお》は電気抵抗線歪《ひず》み計を開発し、車輪の応力解析に使用していた。一方、鉄道技術研究所の前身である鉄道大臣官房研究所からの生え抜きで車体構造を研究していた吉峯鼎《よしみねかなえ》は、電気抵抗線歪み計を応用して精確に車体強度を解析し、同時にその理論を体系化した手法を編み出しつつあった。

ちょうどその頃にはスピードアップなどの要請を背景に車体軽量化の取り組みが本格化し、構体全体で強度を負担するモノコック構造の設計思想が取り入れられるようになっていた。陸軍航空技術将校から転身した近畿車輛設計課の菅野久嗣は、モノコック構造を応

荷重試験に臨む中村和雄（写真左端）、吉峯鼎（左から2人目）、菅野久嗣（写真右端）
（所蔵：福原俊一）

用した軽量構造電車の西日本鉄道３１３形を昭和27（１９５２）年に設計・製作し、吉峯はその強度解析に協力した。

菅野が設計したモノコック構造車を契機として私鉄各社には軽量構造車が続々と誕生していった。国鉄においても車体軽量化は積極的に取り組み、その一環として先進諸外国の軽量化調査のため、旅客車の設計経験を持つ35歳の星が昭和28（１９５３）年11月から１年間欧州に出張することになった。

それまでの国鉄にみられた退任間際の米国出張と異なり、戦中・戦後の空白で途絶えていた欧州各国の情報収集のため、当時の国鉄は若手職員を積極的に出張させる方針を立てたのである。

「そのときの最初の人選がトンネル屋と車両屋各１人だったのです。私は当時大井工場の車両課長だったのですが、その席を外れてスイスを中心にドイツ・フランスなどを回りました」

星が渡欧したころは外貨が送金できなかった時代。金を腹巻きの下に巻いてバラックのような羽田空港から水盃《みずさかずき》で工作局関係者や島秀雄に見送られた心細い旅立ちであった。

「各国の鉄道当局は親切に応対してくださり、実情をつぶさに調査できて勉強になりました。このときに見聞した多くの技術が後の国鉄車両で結実するのです」

と星は遠くを見るような眼差《まなざ》しで語った。「先進諸外国の動向に常に注意を払っておく必要があると思いますよ」――鉄道に限らず、すべての後輩技術者に対する、幅広い視野を持つべしという星の言葉である。

調査のためスイスをはじめとする各国を回った星は、１年後に指定された船便（貨物船まにら丸）で帰国した、現在のような豪華客船の優雅な船旅ではなく旅費節約のための指示だったのは言うまでもない。

星が先進諸外国の新鋭車両を調査した経験は帰国後早速多方面で活かされ、ヨーロッパの客車を思わせる構体を合理的な軽量構造とし、アルミサッシの大窓をはじめとした近代的な外観を持つナハ10形客車に結実した。

このナハ10形は工作の容易な普通鋼を使用した国鉄最初の軽量構造車で、この構造は準急「日光」などに投入されたキハ55系ディーゼル動車や準急「東海」「比叡」に投入された80系３００番台と称する全金属製湘南電車等以降の旅客車にも適用され、以後新設計される旅客車は軽量構造が当たり前という時代を迎えたのである。

ビジネス特急もナハ10形と同様にモノコックの軽量構造が採用された。モノコック構造を実現するには小窓にするほうが望ましいが、それでは車窓の眺めが悪くなってしまう。ビジネス特急といえども車窓を愛《め》でる旅の楽しさの提供を星は忘れなかった。従来の車両よりも大きい幅１・５ｍの窓とすることを星は決断した。

大きな窓と軽量構造そして丈夫な車体、相容《あいい》れない条件を実現させるため車体設計を担当した川崎車輌設計課の平墳幸男はナハ10形の設計で培った経験を活かして強度計算と製図に明け暮れた。作成された図面に基づいて製作が始まったが、車体強度上問題ないかを科学的に検証する必要がある……。ビジネス特急もナハ10形同様吉峯の指導のもとで強度解析のための荷重試験が行われた。

吉峯と中村が川崎車輌を訪れたのは昭和33（1958）年6月のことだった。

車体に接着した電気抵抗線歪み計がはがれないように試験担当は徹夜で見張った。車体にかける荷重のウェイトを人力で車内へ運び込んだ時代だった。油圧で自由に荷重がかけられる装置が実用化されるのは新幹線電車を製作する頃、つまり数年先の話で当時は人海戦術だった。

「荷重試験は研究部門の管轄で我々設計部門は直接関係なかったのですが、ウェイト搬入の人手が足らないということで私も応援に駆り出されました」

当時設計部門の一課員だった平墳の思い出である。

「開口部の大きい車体と軽量化の実現は、一言で言えば『勘』ですね。設計者としては荷重試験結果が出るまでは安心できませんが、構体ができあがってしまうと不思議に度胸がすわるものですよ」

平墳の言葉には経験に裏打ちされた技術屋の自信が見てとれるが、最悪のシナリオを頭のな

車体に電気抵抗線歪み計を貼り付けたところ（星晃）

仕上がりを確認する星晃をカメラが追いかけているところ（吉村光夫）

かで描いてしまうのも技術屋の性《さが》である。平墳は固唾《かたず》を呑《の》んで試験の結果を見守った。

しかしそれは杞憂に終わった、測定結果は強度的に問題ないことを示した。軽くて窓が大きい、易《やさ》しそうで難しい構体が平墳の職人的手腕によって実現したことを吉峯の地道な研究成果が証明したのである。

吉峯が考案した強度解析手法は、その後の地道な継続研究によって開口部の大きい構体に対しても実際の解析結果と理論が合致するようになり、合理的な構体の設計が可能となった。「吉峯法」と呼ばれるようになったこの手法は、昭和50年代に有限要素法（コンピュータを用いて強度解析を行う手法）が鉄道車両に導入されるまで鉄道車両の強度解析手法として広く使用されるのである。

*

近畿車輌で製作を急ぐビジネス特急（所蔵：福原俊一／撮影：奥野利夫）

星だけでなく、米満、平墳、安井ら車両メーカ技術陣も30代という脂の乗り切った年代であった。新設計しなければならない設備や機器は多いうえに極めて短納期、そんな制約のもとで東京～大阪間を日帰り運転する画期的電車を設計する……。

画期的なものだからこそ一世一代の傑作を作ろうというのは古今東西変わらない技術屋の本能である。短い開発期間という背水の陣の条件下で技術屋が燃えないはずがない。脂の乗り切ったメンバーが参加した設計の具体化は寝食を忘れて連日連夜行われ、当時台頭していた車両技術のすべてを注ぎ込んだ。

「技術的に最良と思われる設計には何でも飛びつき、思い切って採用しなければならないことが多かったのです。試作車を作って充分に検討した後に量産にはいるというのではなく、そのまま『製

「先進諸外国に負けない特急電車を作る」熱気と喧噪に満ちあふれた設計会議
（所蔵：福原俊一／提供：星晃）

品』になるので失敗は許されませんでしたが、誰も物怖じすることなく積極的に取り組んでいました」

米満の述懐である。連日夜遅くまで残って仕事を続けたメンバーは技術屋冥利に尽きる毎日が続いた。「Ｏｈ！　モー烈」という流行語が席巻するのは10年以上未来の話。星たちは「モー烈社員」の時代も一歩先取りしていたのである。

4章

上々の前人気と嵐の舞台裏

ビジネス特急のデザイン案をスクープせよ

——へっぽこスパイへのクリスマスプレゼント

画期的な電車特急が誕生するニュースは常務理事会で決定直後、各紙に大きな見出しで報じられた。汽車よりも気軽に乗れて近代的な電車により、東京〜大阪間を日帰り可能にしたビジネス特急に人々は豊かさと希望に満ちあふれる明日を予感し、どんな格好で登場するのか期待に胸を膨《ふく》らませた。

こんなビッグニュースを週刊誌が放っておくはずがなかった、『週刊朝日』は1958（昭和33）年の新年号にふさわしい明るい話題として、テレビ局開設計画、国鉄の輸送改善計画、国内航空路線増強計画を展望する特集記事を企画した。

ビジネス特急を中心とした国鉄の輸送改善計画に関する記事は国鉄本社に詰める記者が執筆するが、当時まだ発表されていなかったビジネス特急の全容を「目玉」として掲載する必要に迫られた。そこで朝日新聞社内で鉄道愛好家として知れ渡り「国鉄弁護人」の異名を頂戴していた『科学朝日』誌編集部の岡寿麿《おかひさまろ》（後の同誌編集長）にビジネス特急のデザイン案をスクープせよとの指令が出された。

岡は復員後、『科学朝日』に入社、同誌の編集者として生来の鉄道好きを活かし、国鉄本社に足繁く取材に出かけ、島秀雄《しまひでお》の部屋に恐れ気もなく（?）出入りできる身分になっていた。舌《ぜっ》鋒《ぽう》鋭く質問を浴びせる岡に、島は「私より生きの良い技術者を紹介しますよ」といって星晃《ほしあきら》を紹介した。

2人は同年代だった親しみもあってか、それ以降お互いの良き理解者となっていたが、そんな人脈を誇る岡をもってしてもビジネス特急の取材は困難を極めた。関係者の口は堅かった。

「さしずめ、へっぽこスパイといったところでしたね。こちらが聞いてものらりくらりとかわされるだけで、誰も教えてはくれませんでしたよ」

と岡は当時を懐かしむように微笑んだ。岡はやむなく自らの手で想像図を描いてみたがうまくできるはずもない、スケッチは次々とくずかごに直行していった。締切日も過ぎて街にジングルベルが鳴り響くようになったが、編集部から「まだかまだか」の矢のような催促が続いたクリスマスイブ、ささやかな忘年会の席にいた岡のもとに、国鉄技術者向け部内誌『交通技術』の編集を担当していた本間清巳《ほんまきよみ》から呼び出しの電話がかかった。

何事かといぶかりながら『交通技術』の編集部を訪れた岡に本間は1枚の封筒を差し出した。その中には喉《のど》から手が出るほど欲しかったビジネス特急のデザイン案が入っていた。正月の部内紙発表用のイラストを星が託したものだった。岡にとってはこれ以上ないクリスマスプレゼントだった。

翌日、岡は週刊朝日専属イラストレータの大川一夫と鳩《きゅう》首《しゅ》会談を開いた。本間からもらったイラストをそのまま載せては迷惑がかかってしまう。

そこで岡は米国のエアロトレインや小田急ＳＥ車のイメージをだぶらせたスケッチとペーパーモデルを作り、それを基に大川が苦心してイラストを描いた。ＣＧのような文明の利器がなかった時代である……。

こうしてできあがった岡と大川の手による「当たらずとも遠からず」の想像図は、マスコミを最初に疾走したビジネス特急のデザイン案として、晴れて『週刊朝日』新年号の誌面を飾ったのであった。

『週刊朝日』昭和33年新年号を飾ったビジネス特急の想像図（所蔵：福原俊一）

公募されたビジネス特急の愛称名
——その名は「こだま」

ビジネス特急の愛称名は一般公募されることとなり、完成予想図とともに昭和33（１９５８）

年５月４日付の夕刊各紙に新聞発表され、そのスマートなデザインに人々は目を見はった。

　公募される愛称名は他の急行列車などに使用している愛称名及び将来的に使用を予定している「富士」は避けることなどの条件が付いて５月20日締切り（６月上旬発表予定）であったが、公募の翌日だけで約５０００通の応募があり、その後も応募が殺到したことから、主管の営業局では交通博物館の一室を急遽借り切り、アルバイト数人を雇って整理にあたる一方、発表を６月下旬に延期するというエピソードが残された。最終的な応募は９万通を超え、このなかから第１次選考候補が絞り込まれた。

　応募のあった愛称名総数は約２５００に及び、後の新幹線で使用される「ひかり」は33年４月から博多〜別府間臨時急行の愛称として使用されていたため選考対象外で、「のぞみ」は１０８通、「やまびこ（山彦）」は２９１

昭和33年5月に国鉄が公表したビジネス特急完成予想図。5両目には3等車が描かれ、この時点では編成中の2等車を1両とする案だったことが分かる（所蔵：福原俊一／提供：星晃）

通の応募があった。

また「愛妻」（日帰りできるので外泊して浮気心を起こさないの意）のように微苦笑を禁じ得ないものから「三つ目の飛脚」（ヘッドライトが3個の意）、「躍進日本」のように完成予想図からイメージしたもの、はては「十河《そごう》」「金田《かねだ》」（もちろん十河信二《しんじ》総裁と国鉄スワローズ金田正一《まさいち》投手にちなんだもの）までみられた。

それはさておき、愛称名は第1次選考による候補のなかから従来の客車特急と異なり軽快かつスピード感あふれる電車特急にふさわしく、なおかつ東京～大阪間を日帰り運転するイメージにぴったりということから、374通の応募があった「こだま」と決定し、6月27日に新聞発表された。

＊

当時の国鉄の正式マークは、蒸気機関車の動輪

ビジネス特急 愛称公募結果

営業局資料（昭和33年6月作成）より作成

内訳	応募総数	第1次選考による候補		第1次選考に漏れた多数候補	
動物関連	14,926	隼（5957） つばさ（434） たか（331）	おおとり（489） 天馬（349）	白鳥（1013） 飛庵（502） 白鷺（366）	ひばり（758） かもしか（386）
植物関連	4,827	さくら（692） 芙蓉（109）	さつき（341）	きく（478） 若葉（232）	ひまわり（478）
天然現象関連	24,174	はやて（2360） 朝日（1692） あかね（130）	暁（1734） こだま（374）	流星（2500） 衛星（895） 日の出（585）	いなずま（1137） 曙（673）
地名関連	9,599	瑞穂（477） 千代田（295） あきつ（72）	みやこ（385） 八州（251）	日本（1259） 東（553） 武蔵（266）	アジア（603） 太平洋（348）
その他	18,151	平和（1076） のぞみ（108） かけはし（1）	ビジネス（276） 銀の矢（5）	羽衣（861） 神風（323） ロケット（204）	昭和（694） 日の丸（247）
無効	21,187	応募規定違反（使用中の愛称名など）			
合計	92,864				

と鉄道創業時に鉄道掛《がかり》が置かれた工部省に由来する「工」の2種類が制定されていた。両者とも明治年間に定められた歴史を持っているが、近代的な特急電車には少々合わない。

　そこでビジネス特急の先頭部に取り付けるシンボルマークが愛称名と同時に公募されることになり、愛称名同様５０００通を超えるという大きな反響のあった応募のなかから逆三角形状の作品が選ばれた。

　また、電車特急の側面に斬新《ざんしん》な国鉄マークを取り付けようということで関係者の意見が一致し、先頭部マークの選考から漏れた候補のなかからスピード感のあるＪＮＲマークが選ばれた。

「新しい特急車両の車体側面に国鉄を表わすマークを付けようということになり、応募作品の中からスピード感のあるものを選んだのです。国鉄の正式マークとして制定するにはいろいろ厄介な手続きが必要なので、車体標記の一種という考え方で採用されました。後には広報部の公式パンフレットにも使われるようになりましたね」

　選考に携《たずさ》わった星の思い出であるが、先頭部のシンボルマークとＪＮＲマークは国鉄時代の特急車両のトレードマークとなったのである。

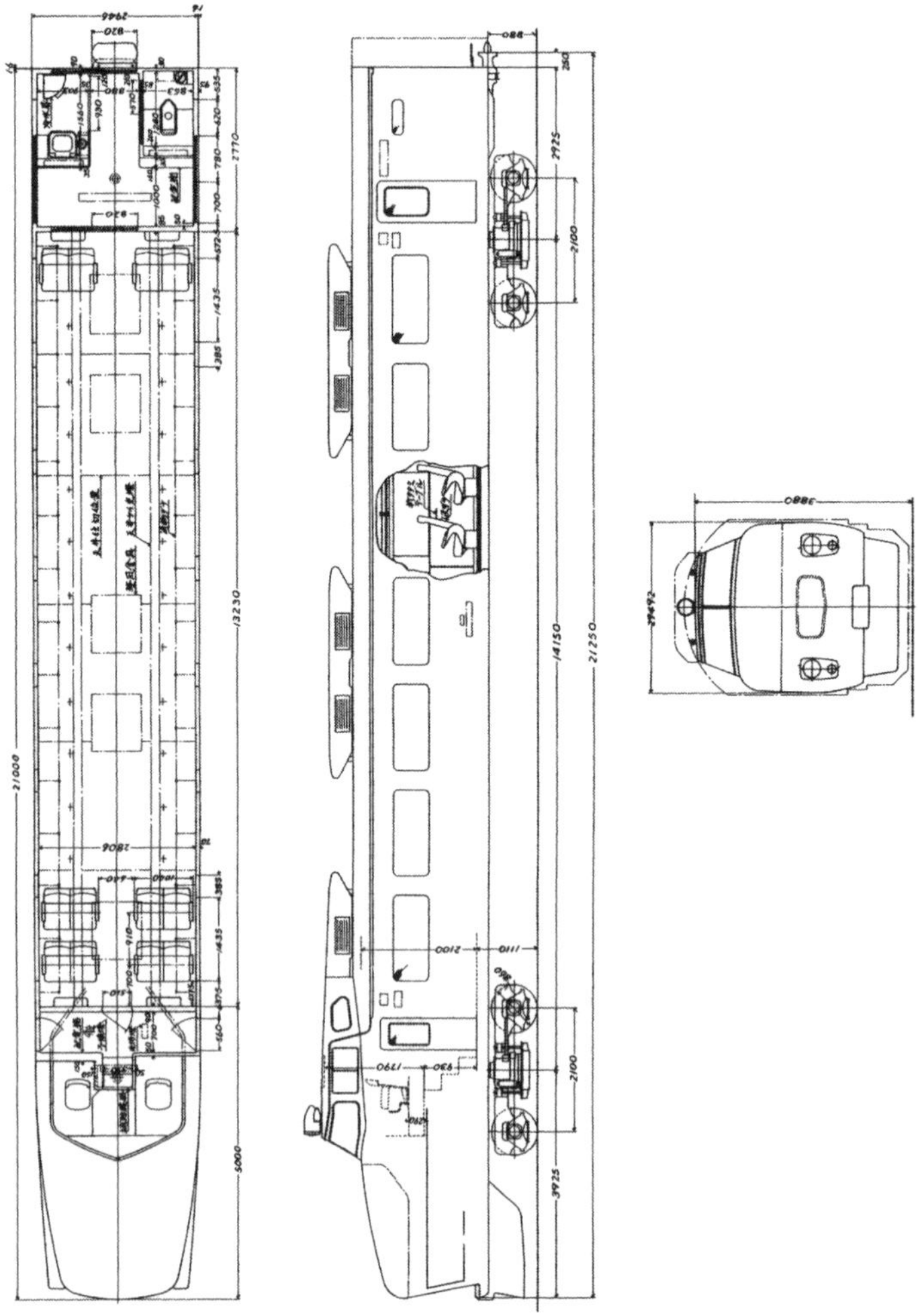

クハ26形式図

最少の投資で最大のスピードアップを目指せ
――プロジェクトチームの検討

ビジネス特急は高速域での加速度を向上（加速時間は従来の機関車牽引《けんいん》列車の約４分の１）させることにより、制限速度を向上することなく東京～大阪間６時間台を可能とする性能を持っていたが、全線電化が完成した昭和31（１９５６）年当時の東海道本線の地上設備は高速運転に耐えられる状態ではなかった。

国鉄の技術部門は工作局、施設局、電気局、運転局などの系統に分かれ、戦前の鉄道省時代は役所の通例として系統ごとに縦割りで単年度で予算をとって投資を行っていたが、ＣＴＳ（民間輸送司令部）は系統間を縦断して合理的な計画を立案するように指導した。

従来のお役所仕事を改めたＣＴＳのもっともなご意見と言ってしまえばそれまでであるが、戦後の国鉄技術陣には経営を念頭に置いた総合計画を組織的に立案する能力が醸成されるようになっていた。

占領下時代に国鉄を統治したＣＴＳについては種々の批判もあるが、国鉄にシステム工学的発想を植え付けたのは、前述のリクライニングシートとともに大きな「遺産」の１つといって差し支えないであろう。

ＣＴＳの話はさておき、ビジネス特急運転計画は各系統の技術陣が結集して「最少の投資で最大のスピードアップ」の実現を目指した最初のビッグプロジェクトであった。

東京〜大阪間を６時間30分で結ぶビジネス特急を運転するには、電車列車といえどもある程度の線路や架線の強化が必要となる。線路や架線のどこを強化すれば最大の効果が得られるか投資効果の綿密な検討が行われ、下表の３案が最終候補に絞り込まれた。

昭和33（１９５８）年５月の常務理事会で第３案、つまり設備投資を４億円弱に抑えて東京〜大阪間６時間50分運転、最高速度１１０km／hとする結論が採択された。

高速運転には速く走ることのできる動力だけでなく安全確実に停止できるブレーキ装置が必須である。日本の鉄道は「列車のブレーキ距離は６００m以下とする」世界で最も厳しい規則が定められていた。

ビジネス特急は最高速度１６０km／hで設計され、ブレーキ

ビジネス特急 運転計画

		第1案	第2案	第3案
到達時間		6時間30分	6時間45分	6時間50分
停車駅・停車時分		横浜(1分) 名古屋(2分) 京都(1分)	横浜(1分) 名古屋(2分) 京都(2分)	横浜(1分) 名古屋(2分) 京都(3分)
運転条件	最高運転速度(km/h)	120	120	110
	ポイント通過速度(km/h)	100	95	95
	曲線通過速度(km/h)	現行規程+0〜10	一部向上	現行規程通り
所要投資額(百万円)		922	521	386

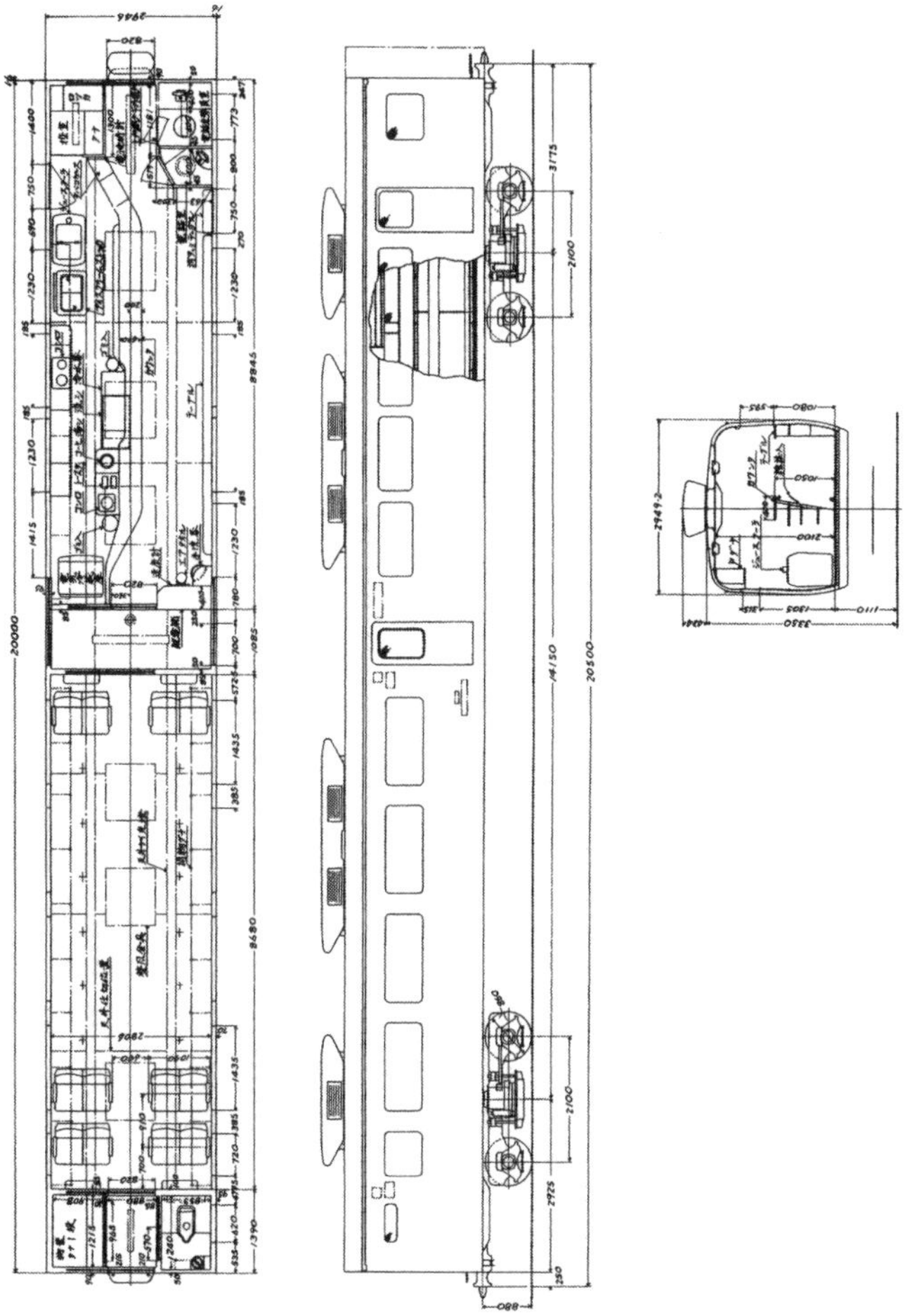

モハシ21形式図

も従来のものに比べてレスポンスの良い新形の装置や高速運転時も効きの良いブレーキシューが使用されていたが、性能試験を行ったところ滑走《かっそう》しやすい雨天では６００ｍ以内に停止できないことがあった。

「最高速度が１１０㎞／ｈと定められたのは地上設備の制約でした。当時のブレーキ装置は湿《しつ》潤《じゅん》条件下では１２０㎞／ｈ運転時に６００ｍで停止できないことがありましたが、これについては運輸省の特認をとれば良いという考えだったように記憶しています」

星は当時のいきさつを語った。６００ｍのブレーキ距離がスピードアップのネックになるのはもっと後の話で、こだま形の運転開始時にブレーキ距離の特認という格好で実績を作っておけば、後のスピードアップの歴史が変わっていたであろうにと筆者は思えてならない。

後世の鉄道愛好家の独り言はさておき、１１０㎞／ｈが当時の地上設備で安全上許される最高速度だった。この結果、列車運転時刻は当初の計画を変更して左記のように決定され、東京日帰りとなる列車は東海道本線の終端である神戸始終着となった。

	東京		大阪
下り第1こだま	7:00	↓	13:50
上り第2こだま	22:50	↑	16:00

	東京		大阪		神戸
上り第1こだま	13:50	↑	7:00	↑	6:30
下り第2こだま	16:00	↓	22:50	↓	23:20

それでも東京～大阪間を６時間50分で結ぶビジネス特急の平均速度は80㎞／hを超えた。従来の客車特急「つばめ」「はと」はもちろんのこと、戦前期に阪和《はんわ》電鉄（現在のＪＲ西日本阪和線）天王寺～東和歌山（現在の和歌山）間を45分で結んだ特急電車がマークしていた平均速度をもしのぐ「日本の最高速列車」となった。最高速度ではイタリア国鉄の電車特急「セッテベロ」の１６０㎞／hなどには及ばなかったが、狭軌《きょうき》というハンデを考えれば先進諸外国の特急車両と肩を並べる水準だった。

軌道関係ではポイント（分岐器）通過速度向上のため一部のレールに締結用部材の補強が実施されたほか、曲線区間の乗り心地低下防止のため杭打ちなどの整備や老朽化した短尺レールの更新などが実施された。

電気設備関係では、戦後間もないころに資材を節約して電化された沼津～浜松間の架線を１００㎞／h以上の高速運転時にもパンタグラフが離線しない構造に改良されたほか、高速運転時にパンタグラフが破壊されないように本線と交差する側線部分にバランサの新設などの改修が実施された。踏切設備についても列車速度差による警報機の鳴動《めいどう》時間差を調整する速度選別装置取付けなどの改良が実施された。

またビジネス特急の運転台は高い位置に設けられたことから、信号関係では東海道本線全線にわたって高運転台からの信号見通しの実情調査が架線試験車の監視塔を使って６月に実施された。ビジネス特急の運転計画を担当した運転局客貨車課総括補佐の齋藤《さいとう》雅男《まさお》もこの調査に添乗した。

「東京を出て早速新橋の下りホーム、現在でもそうですが左にカーブしていますね。あのホームの屋根が支障して見通せず中継信号機（見通しを確保できないとき、その信号現示を中継するために設置された信号機）が必要になったことを記憶しています」

　齋藤の思い出である。かくして、見通し距離確保のため36か所に中継信号機を新設したほか57か所の建植位置が移転された。

　これらの地上設備改良費と車両製作費の約６億円を合わせて９億円の投資であった。

　この金額は当時の国鉄において決して小さくない投資ではあったが、機関車牽引列車では１７０億円の投資が必要なのに比べれば桁違いに少ないのは言うまでもないことであった。

架線試験車中央屋根部の監視塔を使って信号見通しの調査が実施された。架線試験車は後部の荷物電車に推進運転される（星晃）

運転屋の努力が生み出した「空白の1か月」
――万全を期した練習運転

ビジネス特急は決定された愛称名にちなんで、部内では「こだま形電車」の通称で呼ばれるようになった。こだま形電車は8月下旬完成を目指して川崎車輌、近畿車輌、汽車会社の3社で夜を日についで製作が続けられたが、新機軸が多いことから完成は9月にずれ込む見通しとなった。さらに軌道・架線など地上設備の改良も完成するのは昭和33（1958）年10月のダイヤ改正直前となるスケジュールが組まれた。

「準備の時間がない、10月の運転開始では満足な乗務員訓練の期間が確保できないうえに初期故障が続発した湘南電車の二の舞いになる」と危機感を持った齋藤雅男は営業運転を1か月遅らせるべきである旨をまとめた資料を作成して運転局の課長会議に諮《はか》った。

「特急列車の運転に関わる案件なので、運転局だけで決められる事項ではなかったのですが、『齋藤総括補佐に一任』が決定事項となったのです。そこで営業局に談判に行ったら営業担当の石井《いしい》昭正《あきまさ》常務理事に直接話をつけてくれというのです」

齋藤の言葉であるが、平たく言えば「猫の首に鈴を付けに行く」役目を齋藤が仰《おお》せつかってしまったのだった。

齋藤雅男　さいとう・まさお

大正８年１月生	福岡市出身。早稲田大学理工学部機械工学科卒業。陸軍技術将校を経て昭和21年運輸省（後の国鉄）入省
昭和30年３月〜	本社運転局客貨車課総括補佐、門司鉄道管理局列車課長などを歴任し、ビジネス特急や鹿児島本線電車化に従事
昭和40年７月〜	東海道新幹線支社次長を歴任し、新幹線システムの安定化に従事
昭和44年８月〜	鉄道労働科学研究所長
昭和47年９月〜	日本電気技師長・日本電気鉄道通信エンジニアリング社長などを歴任
平成２年４月	勲四等旭日小綬章　叙勲
平成15年〜	台湾高速鉄道テクニカルアドバイザー、(社)海外鉄道技術協会特別顧問
平成28年11月没	

「私も腹をくくって、準備期間不足のために初期トラブルが多発した湘南電車と京浜電車運転開始当時の資料を過去の事例として添付した資料を携えて石井常務理事を伺ったのです」

齋藤の言葉に登場する湘南電車の話は後述するが、京浜電車の話を補足しておこう。国鉄電車の始祖である中央線に続いて山手線が明治42（1908）年に運転開始され、大正3（1914）年には京浜線の東京～高島町（現在の横浜）間が電車運転の運びとなった。

創始期の中央線や山手線は路面電車と同様に電動車1両の単車運転が基本であったが、電車運転の利便性により輸送量が急増していた背景から、京浜線用電車では当時としては画期的な総括制御を採用して3両編成で運転されることになった。

京浜線は折からの第1次世界大戦の凱旋将軍出迎えと併せて貴衆両院議員に試乗してもらう構想のもとに開業を急ぎ、大正3年12月18日に強引に運転が開始されたが、この日に運転された試乗列車は事故を起こし、時の仙石貢《せんごくみつぐ》鉄道院総裁は新聞に異例の謝罪広告を掲載した。

その後も地上設備の整備や練習運転などの準備不足に起因するトラブルが続発したため、同線の電車運転はいったん中止に追い込まれ、翌4（1915）年5月の運転再開まで4か月の期間を要したという苦い体験を味わったのである。

この神尾中将凱旋時の事故に懲《こ》りて陸軍は電化に反対していたという説もあるが、余談はさておき齋藤は石井常務理事で埒《らち》があかなかったら十河総裁に直談判しようと考え、十河が鉄道院に入職間もない若き日に体験した京浜電車初期故障の書類も準備していたのである。石井の部屋を訪れた齋藤は訴えた。

「営業運転開始を1か月遅らせてください」

齋藤の申し入れは当時の国鉄では前例のないものであった。しばらく黙って聴いていた石井が口を開いた。

「営業運転を1か月遅らせたら収入がどれくらい減るか分かっているのか」

当時の国鉄は収支計算がシビアになり公共企業体らしくなっていたころだった。

「当時の優等列車は悪くても80％の乗車率は期待できるので、定員×乗車率×日数×特急料金の単純な掛け算をすれば収入損失は分かりますから『十分承知しております』と答えたのです。そうしたら『分かった』と意外なほどあっさりと了解してくださいました」

気迫のこもった齋藤の説得を石井は了解し、ビジネス特急の運転開始はダイヤ改正から1か月遅れの11月1日となった。列車の「スジ」だけ設定しておいて（営業列車としては運休扱いにして）10月の1か月間は練習運転に充当し、11月1日から運転開始という当時としては慎重なスケジュールが前述の6時間50分運転と併せて理事会で決定された。後に貴重となる1か月の準備時間が確保できたのである。

「遭難電車」の汚名を返上せよ
——田町電車区の決意

電車は検査や修繕などの保守を行う基地が決められているが、こだま形電車を保守する基地は田町電車区と決まった。昭和5（1930）年開設の伝統を持つ田町電車区は、25年に東京～沼津間にデビューした湘南電車の保守を受け持ったが、架線切断事故により就役したばかりの電車が炎上した洗礼を浴びただけでなく、ギリギリの製作工程で進められたことや部品不良などに起因する初期故障が続発し、営業開始当初は口さがないマスコミから「遭難電車」と酷評された苦い思い出があった。

「遭難電車」の汚名をビジネス特急で返上せよ――区長の粂川《くめがわ》秋次郎《あきじろう》以下、運転士・検査担当の全区員が一丸となってビジネス特急の保守に取り組んだ。マル生運動の後遺症で労使関係が複雑化し、職場規律荒廃とマスコミから糾弾《きゅうだん》を浴びるのは20年未来の話、当時の現場機関は国鉄一家といわれたように「区長といえば親も同然」という家族的雰囲気を漂わせながら厳格な規律が保たれていた時代だった。

こだま形電車の心臓部である制御装置とモータはモハ90形と同じものが使われる。このモハ90形を保守していた三鷹電車区から青年助役大塚滋が赴任し、選抜された検査担当者への教育と三鷹電車区での実習が開始された。従来の電車より機構が複雑になっているのは制御装置やモータだけではなかった。先頭部に搭載された大形発電機もその１つだった。

ここで電車の仕組みを簡単に説明しておこう。編成中の電動車はパンタグラフで架線から集電した電気（こだま形電車の場合は直流１５００Ｖ）を制御装置・抵抗器でモータにかかる電圧を調整してモータに流される。速度の制御はマスコンの通称で呼ばれる運転室のマスターコントローラ、つまり運転士からの指令に基づいて制御装置などが動作する機構になっている。

この制御回路を編成に引き通すことによって複数の電動車、つまり京浜線用電車の時代から使われている総括制御が可能なのだが、人間でいえば神経にあたるこの制御回路は発電機で作った直流１００Ｖが一般に使用される。

従来の電車は発電機で起こされる直流１００Ｖを電源にして照明・暖房装置などのサービス機器も同時にまかなっていたが、こだま形ではユニットクーラやビュフェの電気機器などに大容量の交流電源が必要になったことから３相交流４４０Ｖを出力する１５０ｋＶＡの発電機が搭載されたのである。

５ｋＶＡという単位の直流発電機しか知らなかった田町電車区員は３相交流から勉強しなければならなかっただけでなく、サービス機器として設備されたシートラジオや冷水器などの機構も修得しなければならなかった。

「連日朝から日暮れまで制御装置と取り組んだが思うようにならず夢にまで空回りが現れたり、何度自分の能力を疑ったか。筆舌に尽くし難い苦心を続け、１か月が矢の如く過ぎて制御器とブレーキが曲がりなりにも１人でこなせるようになったときは、過去の苦労を忘れて心から嬉しかった」

検査担当に選抜された１人だった板東《ばんどう》正巳《まさみ》の述懐である。

＊

「こだま」に乗務する運転士は、東京～静岡間を田町電車区、静岡～名古屋間を大垣電車区、名古屋～大阪（神戸）間を宮原電車区が受け持つことになった。当時の電車屋が格下に見られていたのを象徴するかのように電車運転士は機関士よりも2ランク待遇が低く、機関助士と同等の時代だった。

「特急電車の運転にあたり運転士の処遇は大きな課題でした。電車とはいえ特急列車なのだからということで、特急電車の運転士は機関士と同格にしなければいけません。ランク付けは職員局の管轄だったので、職員局の関係者にこだま形を見学してもらったのです」

運転士の処遇改善に奔走《ほんそう》した齋藤の思い出である。電車に関しては素人の職員局関係者もこだま形を一日見ただけで従来の電車とは全く違うことを理解した。齋藤の作戦は見事に当たり、その後の職員局との特急電車運転士に関する処遇の話はスムーズに進み、特急電車運転士は2階級特進して機関士と同格が与えられた。

東海道本線の電化が米原まで西進した昭和30（１９５５）月7月に豊橋～大垣間の電車運転が開始されたが、所要となる電車運転士を機関助士から選抜しようとしたが希望者はいなかった。特急の機関士に憧れて国鉄に入ったのに電車なんて、という時代だった。

「埒があかないので、名古屋まで出張して『これからは電車の時代だぞ』と1人ひとり説得して回り、ようやく所要人員を確保した記憶があります」

現代流に言えばスカウティング活動に回った齋藤の思い出である。

「特急電車運転士はさしずめ『2階級特進』ですから士気は高かったですよ。田町や大垣の運転士とは何度か祝杯をあげたものでした」

　齋藤の言葉は電車が躍進する黎明期の苦労を物語っていた。

　電車運転士はスムーズに運転操作する技術だけでなく、定時運転を守るため運転中に発生する事故や故障を迅速かつ的確に処置できる知識・技量が要求される。ビジネス特急に選抜された運転士は制御装置・発電機など従来の電車と全く異なる機器の勉強と並行して深夜に練習運転を続けた。当時の東海道本線においても昼間は列車で満杯で、練習運転列車は深夜にしか走らせられないためだった。

「夜も明けるころになると眠気と空腹を覚えてくる、練習運転が終了したときに指導員が差し入れてくれたあんパンをほうばったことが忘れられない」

　選抜された田町電車区運転士の1人である長谷川重光の述懐である。

ついにベールを脱いだこだま形電車
――泥田に鶴の雄姿

　こだま形電車の製作が佳境に入る頃、星はカラーリングの案をまとめていた。

「外部の色は、あさかぜ形客車が静かな眠りをイメージした青系統なのに対して、こだま形は乗車意欲をそそるような組み合わせで考えた赤とクリームの配色で、先頭部側面には３本の帯を入れてスピード感を強調する考え方を取りました」

この趣旨で本社幹部の賛同を得た後、星は神戸の川崎車輌に出張し、完成したばかりの車体に塗り分けをチョークで描いて現物合わせをした。こうして決まったカラーと塗り分けは昭和33（１９５８）年7月に新聞発表され、31日に放送された日本テレビの夏休み科学教室番組では、ビジネス特急「こだま」の概要を本物と同じように塗られた模型（もっともカラー放送ではなかったが）を前に置いて星が説明した。

こだま形電車の第1陣となる川崎車輌製の8両は9月に完成した。17日に大阪〜西明石間で監督員立ち会いのもとに国鉄に引き渡される。メーカ側から見れば国鉄に納品となる公式試運転が行われた。当日はあいにく小雨混じりの天候であったがマスコミはじめ部内外の注目のなか、日本の鉄道車両史上に一大金字塔を築いた長距離高速電車「こだま形」が第一歩を踏み出した記念すべき日でもあった。

従来の旅客車は汚れの目立たない茶色が基本で、緑とオレンジに塗られた湘南電車が派手といわれた時代、こだま形の雄姿とカラーリングは「泥田に鶴」の趣で、ヘリコプターまで動員した当日のマスコミは「まるでおとぎの国の電車」と驚きを隠さない見出しで報じた。

試運転が完了した8両編成は18日の夜大阪を発《た》って、19日の朝に田町電車区まで回送された。

日本テレビの夏休み科学教室番組で、ビジネス特急「こだま」の概要を説明する星晃（所蔵：福原俊一／提供：星晃）

昭和33年9月17日の公式試運転に先立ち、国鉄吹田工場構内での試運転に臨む川崎車輌製編成（所蔵：福原俊一）

この列車には星だけでなく『科学朝日』編集部の岡寿磨と交通技術編集部の本間清巳も乗車していた。

「通過駅の花壇の傍《かたわ》らでカンテラを振る駅員の驚異の眼差《まなざ》し、尾張一宮付近を併走した名鉄の最新鋭の特急電車、そしてあかね色を増していく台風一過の地平線……昨日のように覚えていますよ」

運転台を訪ねたときには、平墳の労作であるパノラミックウィンドウを見入ってしまった岡は車中での思い出を語った。岡は車中で星と顔を合わせた。

「すばらしい電車ですね。静かだし乗り心地も申し分ない」

岡は眼で語りかけた。星は力強くうなずき返した。以心伝心だった。

国鉄車両には形式番号がつけられるが、当時は電車の形式番号体系改正が検討されている最中だったため、登場当時のこだま形電車はモハシ21形（ビュフェ）、クハ26形（先頭車）などの20番台が付与された。同時期に誕生したあさかぜ形客車も20番台の形式数字が付与されたことから、『科学朝日』１９５８（昭和33）年11月号で岡は「Twenty（20）シリーズ」の見出しをつけて完成間もない両車を報じた。

続発する初期故障と間一髪の試運転事故
――活かされた「空白の1か月」

こだま形電車は昭和33（1958）年9月19日に田町電車区に到着後、早速試運転が開始されたが、新技術が多く取り入れられた宿命か初期故障が続発した。

各界著名人・国鉄スワローズ主力選手から小中学生までを招待して24日に行われた試乗会は好評な意見が圧倒的であったが、横揺れが激しいと一部から指摘された。新技術の1つであった空気ばね台車の機構に問題があったためだった。田町電車区ではメーカの技術者とともに徹夜で修理した。

10月からビジネス特急は営業列車と同じダイヤでの試運転が始まった。試運転初日の10月2日、定刻に東京を出発し大阪へ向かって順調に速度を上げていたときだった。

突然、六郷川《ろくごうがわ》橋りょう付近の突風に煽《あお》られ、パンタグラフが跡形もなく吹っ飛んだ。高速運転時でも離線しないように架線への追随性を良くしようと新設計した機構が原因だった。

添乗していた齋藤雅男は試運転を川崎で打ち切るように指示し、本社に戻った。話を聞いた星が走ってきた。

「試運転でよかった……」

沿線への被害もなかったから大騒ぎにならずにすんだのであるが、このときの星の心底ホッとした表情は、齋藤にとって生涯忘れられないものとなった。

もしこれが営業列車の事故だったら京浜電車の二の舞いではすまなかったろう。マスコミに大きく報じられただけでなく、電車反対論者が「やはり電車は長距離運転には不向きだ」と圧倒的多数にモノを言わせて一斉に反撃し、電車特急そのものの存続が危うくなる。ひいては前述の山葉ホールで講演された技術的可能性など跡形もなく吹っ飛んでしまう……。齋藤の英断がこだま形電車の、否《いな》、国鉄の危機を救ったのである。

＊

このときの事故以来、星はパンタグラフが問題なく動作していることを確認するため試運転列車を毎朝品川の橋上で見送るのが日課となったが、その間にも初期故障は発生し、その対策で改造した箇所は60か所に及んだ。

しかし齋藤の努力で確保した「空白の1か月」がここで活かされた。本当に貴重な1か月となったのである。パンタグラフや横揺れの激しかった空気ばね台車も改良が施された。初期故障は10月中にほとんど片付けられ、10月後半には練習運転も順調な日々が続くようになり、その頃には乗客を乗せないのはもったいないという声もあがっていた。

そんな舞台裏を知らないマスコミは、ベールを脱いだこだま形電車の一挙手一投足を連日のように報じ、10月30日にはＮＨＫテレビが『「こだま」東海道をゆく』と題して練習運転列車を追いかけ、東京駅発車から大阪駅到着までを生中継した。

浜松付近の車中からは、五摂家の１つである鷹司家27代目当主で鉄道愛好家としても知られる鷹司《たかつかさ》平通《としみち》夫妻、営業局旅客課長の長瀬《ながせ》恒雄《つねお》、齋藤雅男の４人の対談を放送した。

「このときの練習運転列車が大阪に近づくに連れて、沿線の人だかりが増えていくのが車窓から分かるのです。テレビを見ていた人が見に来られたのでしょうね」

齋藤の思い出であるが、こだま形電車が人々の注目を浴びていたことを如実に示すエピソードといえよう。

昭和33年10月1日ダイヤ改正
——一足早くデビューしたあさかぜ形客車

こだま形電車の乗務員訓練が始まった昭和33（１９５８）年10月１日にダイヤ改正が行われ、こだま形電車と同様に冷暖房を完備した新鋭のあさかぜ形客車が就役した。

東京と博多を結ぶ特急「あさかぜ」は東海道本線全線電化が完成した31（１９５６）年11月19日から運転を開始した夜行列車であるが、東京（博多）を夕刻に発車して博多（東京）に朝到着する、つまり大阪圏を深夜の2時台に通過し、それまでの「東京と九州を結ぶ列車は中間に位置する大阪圏も便利な時間帯に運転する」という不文律を打ち破った画期的な列車であった。

このアイデアはニューヨーク（シカゴ）を夕刻に発車してシカゴ（ニューヨーク）に朝到着し、途中の大都市クリーブランドを深夜に通過する「20th Century Limited」や「Broadway Limited」をヒントにしたといわれているが、計画した当時は大阪圏を無視することになるので利用率が危ぶまれた。

お膝元の大阪鉄道管理局から猛反対されたが、いざフタを開けてみたら満員に近い利用率が続いた。予想以上の盛況だったが、使われた車両は在来客車の寄せ集めだった。

運転初日の「あさかぜ」に博多まで乗車した

昭和33年10月から運転開始した20系「あさかぜ」（所蔵：福原俊一）

常務理事の石井昭正から国鉄本社に電話がかかってきた。翌朝東京着の「あさかぜ」で帰るから車両・運転関係者はホームで待機せよとの指令であった。

なにごとかと待っている関係者の前に降り立った石井は「なんだ、このお粗末な車両は！ すぐに良い車を作れ」とハッパをかけた。

「仕方ありませんよ、『あさかぜ』を増発した当時は車両がなくて、半室荷物車にいたっては八高線のローカル列車から、やっとの思いで転用したのですから」

車両集めに苦労した齋藤は微苦笑しながら語った。

ともあれ鶴ならぬ石井の一声で、あさかぜ用新形客車の設計が開始された。こだま形電車同様3等寝台にも冷房が取り付けられただけでなく、車体断面形状を大きくして寝台空間を広くするなど居住性を大幅に向上させて面目を一新した。

後にブルートレインの通称で呼ばれるあさかぜ形20系客車は、運転開始とともに好評を博し「走るホテル」との代名詞を授《さず》かり、旅客機の強力なライバルとして活躍することになる。つまり昭和33年は国鉄の歴史に名を残す、こだま形電車とあさかぜ形客車がデビューした記念すべき年だったのである。

5章
「こだま」の爆発的人気とその成功がもたらしたもの

こだま
KODAMA

大森〜大井町間を快走する営業運転開始間もないころの上り「第1こだま」
（所蔵：福原俊一）

ビジネス特急「こだま」営業運転開始
――それぞれの昭和33年11月1日

昭和33（1958）年11月1日、当時の週刊誌の記事を借りれば「国鉄としては昭和5（1930）年に『燕《つばめ》』を走らせて以来の画期的列車がいよいよ走る日」が到来した。

6時30分――石井常務理事のテープカットにより拍手と歓声に見送られ、鉄道近代化の明るい希望を乗せて上り「第1こだま」が雨模様の神戸駅1番線を発車していった。この列車には地元神戸の川崎車輛で製作された車両が充当された。

米満知足《よねみつともたり》ら川崎車輛関係者は神戸駅で「第1こだま」の発車を見送り、感激で熱くなった目頭をそっと拭《ぬぐ》った。

その30分後の7時00分――十河《そごう》総裁のテープカットにより、満面に笑みをたたえた乗客と万感胸に抱いた関係者らを乗せた下り「第1こだま」が曇り空の東京駅15番線から華やかな歓呼の声に送られ、ビルの谷間に吸い込まれるごとく颯爽《さっそう》と発車していった。

「こだま」の営業運転初日、東京から大阪まで日帰りした乗客の1人に、こだま形電車誕生の立役者である島秀雄《しまひでお》の姿があった。

『週刊朝日』1958年11月16日号はビジネス特急「こだま」の初乗りルポをトップ記事で掲

載したが、島は同誌の取材に応じ、その記事のなかで『「こだま」とS氏』というタイトルで、ビジネスデスクに座るシーンなど大阪日帰りの実業人のモデルを演じた。島は、

「技師長のとき、かなり無理をしてわたしの意見を通させてもらって新設した『こだま』の営業運転第1号列車が東京駅をスタートしたときは鉄道人生のなかで一番興奮した。『こだま』の技術をさらに伸ばして作った東海道新幹線の全線試運転のときもうれしかったが、わたしにとっては『こだま』のときの感激が、より大きかった」

と後年に語っている。だからこそ『週刊朝日』の取材に応じ、PRにつとめたのではと、筆者には思えてならないのである。

この朝、鉄道近代化の明るい希望を乗せて歓呼のうちに「第1こだま」発車。十河総裁がテープを切る。感激の東京駅15番線。運転室窓から顔を出しているのが齋藤雅男（所蔵：星晃）

そして島は大阪駅で上り「第2こだま」のテープを切った。

「上り『第2こだま』のテープカットは別の方が行う予定だったのですが、島技師長が大阪に来られるということで急遽《きゅうきょ》変更しテープカットをされることになったようです」

とそのときの事情を語った星晃《ほしあきら》もビジネス特急「こだま」で東京から大阪を日帰りした。

「添乗ではありません、1人の乗客として日帰りをしてみたのです。休暇を取って特急券もきちんと購入して乗ったのですよ」

と星は笑いながら語った。

＊

東京駅を発車した下り「第1こだま」の運転台には齋藤雅男《さいとうまさお》が陣頭指揮に乗り込んだほか、多くの関係者が乗り込んだ。

運転席には田町電車区運転士の浅井三郎《あさいさぶろう》と岡山保《おかやまたもつ》が座った。岡山保は昭和18（1943）年に運転士を拝命するが、当時の花形は蒸気機関車の機関士であった。浅井三郎も岡山保も弱小民族といわれた電車屋の1人だった。

「当時は電車運転士の月給が50円だったのに電気機関車の機関士は53円、蒸気機関車の機関士は55円。随分差をつけられていましたよ」

岡山は当時を振り返って笑った。しかし機関車よりも機動力のある電車がいつか輸送の主役になる日が来る——そう信じて岡山は技量を磨いた。

特急電車運転士の選抜にあたり、東京鉄道管理局は田町電車区に「東京じゅうの電車運転士のトップクラスを選抜するように」と提案した。

しかし田町電車区の管理職はそれを丁重に断り、自区のなかから選抜した。親の思いが子に伝わるように選抜された運転士たちは、電車界発展のため石にかじりついても特急電車の運転を成功させなければとの決意をもって訓練に励んだ。そんな20人のなかから浅井と岡山に栄光の1番電車乗務の指令が下された。

その前日、岡山は身綺麗に散髪して前泊のため役所に出勤した（当時の国鉄職員は職場に出勤することを、このように呼んでいた）。1日の朝は点呼のときから『週刊朝日』の取材がつきっきりで、東京駅のホームでは花束贈呈、報道陣のフラッシュなど華やかな場面が待っていた。朝のニュース番組は下り「第1こだま」の発車シーンを実況中継していた。十河総裁のテープカットでくす玉が割れた。

電車屋は弱小民族として肩身の狭い思いを続けた。京浜電車開業当初に続発した故障の対応で検査担当者は1か月近く自宅に帰れなかった。電化いわんや電車化などとんでもないといった軍部の偏見を覆《くつがえ》すため電車の安定輸送に努力した関係者は数知れない……そんな電車屋の先人たちの思いを乗せるようにして浅井はマスコンハンドルに力を入れ、滑《すべ》るように大阪への一歩を踏み出した。

それは国鉄が明治年間以来の蒸気機関車を中心としたシステムから、電車列車を主体とした動力分散方式にシステム変革へ踏み出す記念すべき日であり、同時に世界に例を見ない電車王国を確立する門出の日だったのである。

＊

齋藤雅男は下り「第1こだま」の運転台に横浜まで添乗し、途中下車して本社に戻ってデイリーワークを片付けた。夕刻に鷹司平通《たかつかさとしみち》から誘いがあり、2人で「こだま」運転開始の祝宴をあげた。その帰途の電車内で意識がなくなり、次に気がついたところは翌朝、病院のベッドの上だった。

「過労で倒れたのです。幸い当時はまだ若かったからその日のうちに自宅に帰ることができましたが、『こだま』で多忙を極めた無理がたたったのでしょうね。おかげで、その後は健康には留意するようになりました」

齋藤は当時を振り返るように語った。

大阪駅で上り「第2こだま」のテープを切る島技師長。その胸中たるやいかばかりか（所蔵：公益財団法人鉄道総合技術研究所）

大阪駅長から東京駅長に向けた記念品を受け取る小西滋男運転助士（所蔵：公益財団法人鉄道総合技術研究所）

浜名湖畔で離合する「こだま」（吉村光夫）

「こだま」の運転開始当初は横浜〜名古屋間ノンストップだったので、田町・大垣電車区の運転士は静岡駅西方にある安倍川橋梁上で交替していた。「お願いします」「ご苦労さんでした」の会話が聞こえてくるようだ。写真中央で背中を向けているのが浅井三郎運転士、右端が岡山保運転士（所蔵：福原俊一／提供：岡山保）

初日の運転を無事に終え、贈呈された花束を手に入庫した電車を後にする浅井運転士と岡山運転士（提供：岡山保）

「こだま」営業運転開始当初は横浜～名古屋間がノンストップだったので、田町（大垣）電車区は運転士が2人乗務し、東京～静岡（名古屋～静岡）間を運転して安倍川橋梁上で大垣区（田町区）運転士と交替、復路は名古屋～静岡（静岡～東京）間を便乗し、静岡～東京（名古屋～静岡）間の運転を担当した。往路で運転助士を担当した運転士が復路で運転するため、運転士が2人乗務体制だった。

一方、大阪（神戸）～名古屋間を担当する宮原電車区は、複雑な行路ではないため、運転士と運転助士の2人乗務体制だった。営業運転初日の上り「第2こだま」は島技師長のテープカットに先立って発車式が行われ、大阪駅長から東京駅長に向けた記念品が運転助士の小西滋男に渡された。

「運転助士だった当時の父は22歳でした（ちなみに田町電車区の浅井運転士は36歳、岡山運転士は34歳）。令和2年に他界しましたが、生前は『運転初日に乗務した乗務員で生きているのは自分だけだと思う』と言っていました」と、小西滋男の子息である小西孝は語った。

数値が示した「こだま」の成功

――満員の乗車率と経営的効果

昭和33（1958）年11月1日から運転を開始したビジネス特急「こだま」は斬新かつデラックスな設備と高速性が人気を博した。「第1こだま」は始発時刻が早いので利用率が懸念されたが、3等はほぼ満員で2等も平均87％という高率を示し、当初予想された85％を大きく上回っていた。「こだま」が運転開始間もない33年11月19～20日に調査した下り「第1・第2こだま」の行先別乗車人員は次ページの表の通りであった。

降車駅は当然ながら大阪が多いが、当時の東海道下り列車は「第1こだま」の50分後に準急「東海1号」が、「第2こだま」の前後に準急「東海2・3号」が東京～名古屋（大垣）間に運転されていたにもかかわらず、東京～名古屋間の利用客が予想以上に多いことをこの表は物語っており、言い換えれば「こだま」により同区間が日帰り圏となったことを示していた。

従来の客車特急「つばめ」「はと」の乗車率も表のように2等旅客が若干減少しただけで、急行・準急列車の旅客数も減っていなかった。したがって33年度の2・3等旅客数（1143＋2902＝4045）－32年度の2・3等旅客数（813＋1833＝2646）＝約1400名は「こだま」の運転による誘発と見なされ、国鉄部内では、

①「こだま」の爆発的人気が航空機へ移行した旅客を取り戻したであろうこと
②汽車の旅の考え方に新しい快適な旅行の気分を盛り込み、旅行頻度の増加をもたらしたであろうこと
と分析した。

一方、「こだま」運転にともなう収支は次ページ表のように年間で約13億円の増収（特急料金だけでも約6億円の増収）となり、投下資本の9億円がわずか1年で回収された実績を残し、ビジネス特急「こだま」はよく稼いでいることが明らかとなった。

前述した電車特急運転の目的であった6項目のほとんどが達成され、さらには国鉄のイメージアップ等々の相乗効果と相まってビジネス特急「こだま」の運転は大成功

下り「こだま」行先別乗車人員

列車・発駅 ＼ 着駅		名古屋			京都			大阪			神戸			合計		
		2等	3等	合計	2等	3等	合計	2等	3等	合計	2等	3等	合計	2等	3等	合計
下り第1こだま	発駅 東京	21	61	82	11	38	49	54	171	225				86	270	356
	発駅 横浜	2	5	7	0	3	3	3	17	20				5	25	30
	合計旅客数	23	66	89	11	41	52	57	188	245				91	295	386
	比率（%）	23.1			13.5			63.5						100.0		
下り第2こだま	発駅 東京	17	49	66	9	39	48	72	167	239	5	28	33	103	283	386
	発駅 横浜	1	1	2	0	2	2	1	5	6	1	5	6	3	13	16
	合計旅客数	18	50	68	9	41	50	73	172	245	6	33	39	106	296	402
	比率（%）	16.9			12.4			60.9			9.7			100.0		

東海道特急列車 乗車実績（静岡～浜松間 1日平均）

	列車名	1等			2等			3等		
		定員	乗車	%	定員	乗車	%	定員	乗車	%
昭和32年11月から昭和33年10月まで	つばめ・はと	75	51	68.0	969	789	81.4	1743	1650	94.7
	さくら			—	48	24	50.0	238	183	76.9
	合計	75	51	68.0	1017	813	79.9	1981	1833	92.5
昭和33年11月から昭和34年10月まで	つばめ・はと	75	52	69.3	977	773	79.1	1764	1651	93.6
	こだま			—	415	370	89.2	1289	1251	97.1
	合計	75	52	69.3	1392	1143	82.1	3053	2902	95.1
昭和33年度の増加率（%）		102			141			158		

注：「さくら」は年間141日運転

を収めたのであった。

「こだま」の指定席は前売りと同時に売り切れとなる日が続いた。ビジネス特急なのに急用のビジネス客が指定席券を買えないことから急遽、当日発売席を用意した。営業部門にとって嬉しい悲鳴だった。「こだま」に乗務していた東京車掌区の内田《うちだ》義男《よしお》は、

「車内改札をしていたとき、あるお客様から切符と一緒にサイン帳を差し出されたことがありました。当時は一度「こだま」に乗ってみたいという方が本当に多かったですね」

と述懐している。

テレビ・電気洗濯機・電気冷蔵庫が3種の神器と呼ばれ、電化生活が人々にとって夢だった時代、街頭テレビを通して映し出されるアメリカのホームドラマでしか接する機会のなかったその夢と憧れが、国鉄を代表する新時代の特急電車として颯爽と現れた。

ビジネス特急「こだま」1年間の収支実績

項目		金額(千円)	記事
投資	車両新製	642,286	改造費を含む
	軌道改良	148,640	
	電気設備改良	81,738	
	踏切関係	76,700	
経費	運転人件費	23,355	
	動力費	22,988	
	車両修繕費	27,356	
	作業費	76,039	
	利子・減価償却費	150,321	
	その他	10,929	清掃費など
合計		1,260,352	
収入	運賃	716,862	乗車率95%
	特急料金	582,025	
合計		1,298,887	
差引利益		38,535	
収益率%(資金効率)		103.1	

運転開始間もない「こだま」3等車。当時の資料によると2等車の約8割、3等車の約4割がビジネス客だった(吉村光夫)

盛況のビュフェ
(出典:『写真で見る国鉄90年』)

クリームと赤のツートンカラーに塗られたスピード感あふれる優美なデザインは誰の目にもスマートに映り、羨望《せんぼう》の眼差《まなざ》しを投げかけられた。国民的人気を博したのは当然だった。「こだま」は少年たちの憧れとなり、乗車する機会に恵まれた少年が興奮しながら語る体験談はクラスメートの話題になった。

「当時は冷房が珍しかった時代ですから、夏に『こだま』の車内に入ったときのヒンヤリした空気は、魔法のように子供心には感じたものでした。その空気は、冷房装置や人いきれなどの混じった独特なにおいがしたのを強烈に覚えています。現在でもどこかの建物で、あのときと同じにおいに出会うことがあるのですが、そのときは『こだま』を思い出します」

少年時代にビジネス特急に幾度《いくど》となく乗車した古書店主の回想である。

流行に敏感な芸能界も放っておかなかった、『有楽町で逢いましょう』の大ヒットを飛ばし、乗りに乗っていたフランク永井が『恋のビジネス特急』を歌った。日本テレビのニュース番組『きょうの出来事』の冒頭シーンには、時代の最先端を象徴するように「こだま」の雄姿が映し出された。

そして「こだま」はスピード時代の代名詞となった。ＮＨＫの人気テレビ番組『危険信号』で風船を割る高速列車には「こだま」の模型が起用されたのである。

皇太子殿下ご成婚の昭和34（１９５９）年4月10日、これにあやかったカップルの新婚旅行

『危険信号』は、先頭に針の付いたこだま形の模型が一周する間に2人1組で競技を行う番組であった。岡山保（写真左側）が出演したときのひとコマ（所蔵：福原俊一／提供：岡山保）

皇太子ご成婚を記念して東京〜伊東間に運転された準急「ちよだ」。車内は新婚カップルで満員の盛況。こだま形電車にとって準急で運転された唯一の列車でもあった（星晃）

列車として東京～伊東間に、こだま形電車を使用した座席指定臨時準急「ちよだ」が運転された。

当時の東京から熱海・伊東方面への新婚旅行は２泊３日が一般的であったことから、往路はご成婚の４月10日、復路は12日に運転された。準急料金でこだま形に乗車できるという大サービス列車は新婚カップルで満員の盛況を示し、国鉄の奉祝《ほうしゅく》列車として歴史に残る準急列車であった。

昭和34年の熱い夏
——高速度試験と伊勢湾台風

ビジネス特急「こだま」は前述のように最高速度１１０km／hで運転を開始したが、濃霧のため京都発が26分遅れとなった上り「第１こだま」が東京に３分遅れで到着、あるいは踏切障害で沼津を14分遅れて通過した下り「第１こだま」が名古屋に定時で到着する実績を示し、性能面では充分に余裕のあることが確かめられていた。

最高速度１６０km／hを目標として設計されたこだま形電車の性能限界を確認する気運が高まり、高速運転時における線路・架線との関係を究明し、今後のスピードアップ及び新幹線計画に資することを目的とした高速度試験が実施されることになった。試験区間は東海道本線島田〜藤枝間が選定され、同区間の線路・架線改良が行われた。

試験編成には高速運転用に改良したパンタグラフや各種測定機器が仮設された。昭和34（１９５９）年7月27日から試験が開始され、31日には１６０km／h試験に挑んだ。16時07分30秒、東京起点２０２km付近において狭軌《きょうき》鉄道世界最高速度記録である１６３km／hを記録した。

「１６３km／hの最高速度をマークしたときは夏真っ盛りの炎天下でしたね。当時のマスコミは大きく報じましたが、新幹線車両が技術的に可能であることのＰＲになりました」

と高速度試験に添乗した星は語った。このときの試験結果でこだま形の加速・ブレーキ力は高速

高速試験に挑むこだま形電車（所蔵：星晃）

域でも優れた性能を示し、車体振動・乗り心地も良好だった。さらに集電性能や線路への影響なども問題ない数値を示し、新幹線が技術的に実現できることを証明したのであった。

この高速試験のときもマスコミはヘリコプターを用意して追いかけた。当然ながら『科学朝日』編集部の岡も試験現場に立ち会い、列車風測定装置の脇に陣取った。

「線路脇から仰ぎ見る角度で捉えるつもりだったのですが、試験編成のスピードが速すぎて作画意図通りの結果が得られませんでした」

岡はちょっぴり残念そうに語った。高速度試験に使用された近畿車輛製の編成は試験終了後に田町電車区へ回送され、翌日から営業運転に復帰するという慌《あわ》ただしさであった。また川崎車輛製編成と汽車会社製編成は「こだま」の営業運転初日の列車に充当される栄誉が与えられたなかで、唯一とり残された感のあった近畿車輛製編成は高速度試験でその責を十二分に果たした。

その功績をたたえてチャンピオンマークが取り付けられた。星が欧州に出張していた昭和29（１９５４）年2月、フランスで当時の世界最高速度記録２４３㎞／ｈをマークしたＣＣ７１２１電気機関車にチャンピオンマークが取り付けられたことに範をとったものだった。近畿車輛がデザインしたこのマークは、こだま形電車にとっても勲章となったのである。

＊

昭和34年９月27日、名古屋で瞬間最大風速45・７ｍ、降雨量２０９㎜を記録した超大型の台風15号が日本列島を襲った。

台風接近と同時に計画運休する昨今と異なり、日本の産業経済の基盤を担《にな》っていた国鉄は、後に伊勢湾台風と呼ばれるこの台風下でも運転を続けた。「こだま」もその例外ではなかった。

岡山保は９月27日の下り「第２こだま」に乗務した。沼津に到着したとき、既に東海道本線は大雨に見舞われていた。

「沼津を発車して由比ケ浜《ゆいがはま》のあたり、当時は本線の海側に片側１車線の国道があってその脇が海岸だったのですが、国道を乗り越えて本線まで波しぶきが飛んできているのです。こだま形の先頭部がなだらかなカーブになっているためでしょう。波しぶきを巻き上げて霧状になってしまって前方が全く見えなくなってしまったのです」

伊勢湾台風に向かって走り始めていた「第２こだま」の運転席の様子を岡山は語った。

「仕方なく速度を50㎞／ｈ程度まで落として汽笛を吹鳴《すいめい》しながら運転を続けました。由比ケ浜を過ぎたらさすがに前方は見えるようになりましたが、風雨はますます強く降ってくるのです。あのときの雨は前面窓ガラスが割れてしまうのではないかと思うくらい強かったですね」

静岡に到着したら、静岡鉄道管理局の幹部がやってきて、乗客もいるから運転士も一緒にいるようにと指示され、岡山保はこだまの運転台で一晩夜を明かす羽目になった。風雨が激しく当たり、車体は揺れる。ほとんど一睡もできなかったという。

「朝には雨もあがり、運転を再開したのですが、下り『第２こだま』は名古屋以西が運休となり、名古屋で折り返し運転となったのです。乗務員がいないので我々も車両と一緒に折り返して乗務したのですが、便乗のときに車窓を見ていたら名古屋近郊の田園地帯が一面の水びたしになっていて、家畜の死骸やら畳やらがプカプカ浮かんでいるのです。すさまじい痕跡《こんせき》を目《ま》の当たりにして、このときの台風が並の大きさではなかったというのが心底分かりましたね」

とは岡山の思い出である。

自宅の被災も省《かえり》みず復興にあたった国鉄職員の努力で東海道本線はいち早く開通した。台風で静岡に停車していた下り「第２こだま」の乗客に差し入れられた炊き出しは駅近くの官舎に住む職員家族が総出で丹精こめて作った。

そこには車両や運転など系統の壁も、いわんや電車屋も機関車屋もなかった。職責を超えて一致協力し、我が国の産業経済の基盤を担っていた責任を全うする「国鉄一家」の姿があったのである。

そんな多くの関係者の献身的努力を礎《いしずえ》にして、復旧直後の東海道本線上を「こだま」は快走した。それは台風の大きな爪痕に呆然とする県民たちを勇気づける存在だった。

新橋付近を行く上り「第1こだま」(所蔵:福原俊一)

汽車から電車へのシステム変革

——電車の進展を約束した動力近代化調査委員会

こだま形電車が営業運転を開始した昭和33（１９５８）年11月には準急「東海」「比叡」でも新形電車の営業運転が開始された。こだま形電車と同様に空気ばね台車と軽量構造車体を組み合わせて準急などの中距離列車に適した設備を持たせ、モハ90形と同じ制御装置・モータなどの電気機器とブレーキ装置を適用した東海形電車であった。

一方のモハ90形通勤電車も通勤輸送力増強の切り札として中央線に投入が続けられ、これらの近代化電車は国鉄部内で「新性能電車」と呼称されるようになり、つりかけ式旧形電車の増備は33年６月に完成した湘南電車を最後に終止符が打たれ、同年度以降の電車の増備は新性能電車に切り換えられていた。

電車以外の車種でも、あさかぜ形客車などの近代化車両が続々と投入されていたが、当時の国鉄車両の主力は依然として約５０００両が在籍し、全列車の３分の２を牽引《けんいん》していた蒸気機関車であった。

蒸気機関車は速度調節が容易なことや保守が容易なことだけにとどまらず、蒸気を引き通せば暖房が即座に供給できること、石炭を余分に投入すれば設計出力以上のパワーを出せる器用さを持ち合わるなど鉄道車両に適した特性を多く持っていたことから、鉄道開びゃく以来動力車の主役に君臨していた。

しかしエネルギー効率、つまり石炭の熱量から列車牽引に利用される割合は10％以下にすぎず、電気車両の4倍近い動力費を要する非効率な存在であった。

東海道本線が全線電化した昭和31（1956）年当時においても石炭産出量の約10％を蒸気機関車が使用していた状況のなか、エネルギー資源の有効利用及び戦後の復興を背景に急増する輸送量に対処する国家的見地から、輸送方式を近代化して高速かつ快適でサービス水準の高い列車を低コストで実現させ、ひいては国鉄経営近代化の実現を検討する「動力近代化調査委員会」が昭和33年3月に発足し、電気車両・ディーゼル車両の経済性や将来の動力分野・列車方式及び所要資金などの検討が重ねられた。

その結果、全国の幹線のうち5000㎞は電化、つまり電気運転に転換したほうが有利と判定され、国電区間を含めた国鉄全線の電化キロが2000㎞にすぎなかった時代から大きく飛躍する方針が打ち出された。

非電化の線区もディーゼル化したほうが経済的であることが確かめられ、動力近代化調査委員会は「遅くとも15年以内に5000㎞の電化とディーゼル化を行い、蒸気運転を全廃すべき」と十河総裁に34（1959）年6月に答申した。

動力近代化調査委員会では動力分散方式と動力集中方式の経済比較も行い、電車列車は電気機関車牽引列車と比べると下表のように投資額・経費とも若干不利となる結果が出たが、機関車牽引列車では得られない高速性などを総合的に勘案して電車列車が有利と軍配を上げた。

「電化される幹線の旅客列車をどの程度まで電車に置き替えるかは、動力近代化調査委員会にとって大きなテーマの1つでした。それまでは電車といえば騒音が大きくて乗り心地が悪いというのが大方の評価だったのですが、動力近代化調査委員会の審議中にタイミング良く誕生したこだま形は、従来の電車列車に対する懸念を吹き飛ばしてしまいました。経済比較では動力分散方式が不利となる結果だったのですが、動力集中方式では得られない高速性・高加減速性や折り返し運転の優《すぐ》れた運用性などを総合的

電車列車と電気機関車牽引列車 経済比較

単位:万円

			電車列車	電気機関車牽引列車
前提条件	編成		電動車4両	機関車＋客車4両
	重量(t)		36.5×4＝146	60＋24×4＝156
	出力(kW)		400×4＝1600	1600
	出力／重量(kW/t)		10.9	10.3
車両投資額			2400×4=9,600	4700＋1100×4=9,100
年間経費	償却費		430	370
	保守費	現状	220×4＝880	470＋85×4＝810
		将来	140×4＝560	290＋80×4＝610
	合計	現状	1310	1180
		将来	990	980

に勘案して、動力分散方式が有利との結論を出したのです。非電化区間のディーゼル動車の優位性は準急『日光』の実績などですでに動かし難い情勢にあり、動力近代化調査委員会では動力分散方式を推《お》し進める方針を打ち出したのです」

と、動力近代化調査委員会の事務局に携《たずさ》わった久保田博は当時の審議経過を語った。

さらに動力近代化調査委員会では電車化の進め方について検討を加え、電車列車の持つ高加減速性・高速性・機動性を活かして、ローカル列車の電車化（フリークエントサービス化）により輸送需要の誘発が期待できる都市周辺輸送や高速運転による中長距離都市間輸送を推進する方針を決定した。

こうして岡山、広島、北九州・福岡圏や常磐線中電・大和路快速など、現在から見れば大昔から電車運転されていたような錯覚すら覚える地域の都市圏輸送が電車化されていった。

一方の都市間輸送もビジネス特急「こだま」の運転が経営的に大成功を収めた実績の裏付けとして、電化と歩調を合わせるように電車化は文字通り急激に進展し、「こだま」が運転を開始した33年を契機に、電車列車は全国の優等列車に進出していくことになるのである。

＊

「こだま」が運転を開始する直前の昭和32（１９５７）年度、蒸気機関車は４７００両以上が在籍していたのに対し、電車は３７００両弱にすぎなかった。

しかしこだま形をはじめとした新性能電車の誕生を契機に電車列車は輸送の主役に躍進する時代を迎えた。

　年が開けた34年の４月には中学生・高校生向けの修学旅行用電車と、９月に電化が完成した日光線用のデラックス準急日光形電車のニューフェースもお目見えし、文字通りの新車ラッシュとなった。

　当時のマスコミは「国鉄、電車時代へ」の見出しで電車の躍進を報じた。つりかけ式電車の時代の国鉄電車製作両数は年間２００両程度にすぎなかったのが、34年度以降は８００両近いオーダーで増備が続けられた。

　こうして、動力近代化調査委員会が蒸気運転を全廃する目標時期と定めた49（１９７４）年度に蒸気機関車は１７９両まで減ったのに対し、電車は１万６０００両を超えるまでに発展するのである。

勢揃いした新性能電車（出典：『写真で見る国鉄90年』）

昭和34年6月、今後の電車の発展に対応できるよう新性能電車の形式番号は3桁とすることなどを骨子《こっし》とした電車関係の車両称号規程改正が施行され、こだま形の各車両もビュフェはモハシ150（旧モハシ21）、先頭車はクハ151（旧クハ26）などの新形式に改められた。

初期の新性能電車は、こだま形とか東海形の通称で一般に呼称されていたが、新形式車の増加にともない同一構造の車両は系列で総称されるようになり、こだま形電車は「151系特急形直流電車」を略して「151系」と呼ばれるようになった。

「こだま」の成功がもたらしたもの
――鉄道システム工学を確立

ビジネス特急「こだま」の成功は、営業面もさることながら技術面で大きな意義があった。鉄道は車両だけでなく軌道などの線路、信号などの電気設備、橋りょうなどの施設、そして実際に列車を走らせる運転などのシステムから成り、これらが有機的に結合して運営する「システム工学」の所産であることはすでに述べた。

「こだま」の運転実現には従来縦割りだった国鉄技術部門がプロジェクトチームとして結集し、ベクトルを1つに合わせることによって最高速度110km／hという未知の速度領域と東京～

大阪間1日1往復の画期的高効率運転を実現したのである。

「こだま形は最初の電車特急であることは勿論《もちろん》ですが、同時にその実現は一大プロジェクトとして成し遂げた、つまりシステム工学を実践して実現させた最初の存在でもあり、その成功が後の新幹線開業へとつながっていく、こだま形電車は今日の鉄道システム工学の基盤を作った偉大な存在なのです。東海道新幹線の功績は否定しませんが、こだま形は動力分散方式という前例のない新しいシステムで高速運転を実現させたのです。こちらのほう、つまり無から有を生み出すほうが苦労も大きく、『こだま』の成功がなかりせば新幹線も実現できなかったわけですからね」

後に東海道新幹線システムの安定化に従事し、鉄道システム工学技術者として活躍を続けた齋藤は語った。

「ビジネス特急『こだま』は東京～大阪間を7時間30分から6時間50分（最終的には6時間30分）に短縮したにすぎないのに対して、新幹線はその6時間30分を半分以下の3時間10分（営業開始当初は4時間）に短縮した。この数字を見れば新幹線のほうが偉大なのではありませんか？」

東海道新幹線の開業直前に生まれた知人から質問されたことがあった。確かに数字を単純に比較すればその通りである。しかし「こだま」の成功がなければ一足飛びに新幹線実現にいたる技術的飛躍は不可能だったことは断言できる。

「こだま」予定時刻表

―― 下り ――

列車番号		101T	103T
愛称		こだま第1	こだま第2
運転区間		東京→大阪	東京→神戸
東京	発	7.00	16.00
横浜	着	7.23	16.23
	発	7.24	16.24
↓ (熱海通過)		(8.22.^{45})	(17.22.^{45})
↓ (沼津通過)		(8.37.^{30})	(17.37.^{30})
↓ (静岡通過)		(9.16)	(18.16)
↓ (浜松通過)		(10.13)	(19.13)
↓ (豊橋通過)		(10.38)	(19.38)
名古屋	着	11.28	20.28
	発	11.30	20.30
↓ (米原通過)		(12.29.^{30})	(21.29.^{30})
京都	着	13.17	22.17
	発	13.19	22.19
大阪	着	13.50	22.50
	発		22.55
神戸	着		23.20

―― 上り ――

列車番号		104T	102T
愛称		こだま第1	こだま第2
運転区間		神戸→東京	大阪→東京
神戸	発	6.30	
大阪	着	6.55	
	発	7.00	16.00
京都	着	7.31	16.31
	発	7.33	16.33
↓ (米原通過)		(8.20)	(17.20)
名古屋	着	9.18	18.18
	発	9.20	18.20
↓ (豊橋通過)		(10.08.^{30})	(19.08.^{30})
↓ (浜松通過)		(10.34)	(19.34)
↓ (静岡通過)		(11.30)	(20.30)
↓ (沼津通過)		(12.10)	(21.10)
↓ (熱海通過)		(12.25.^{30})	(21.25.^{30})
横浜	着	13.25	22.25
	発	13.26	22.26
東京	着	13.50	22.50

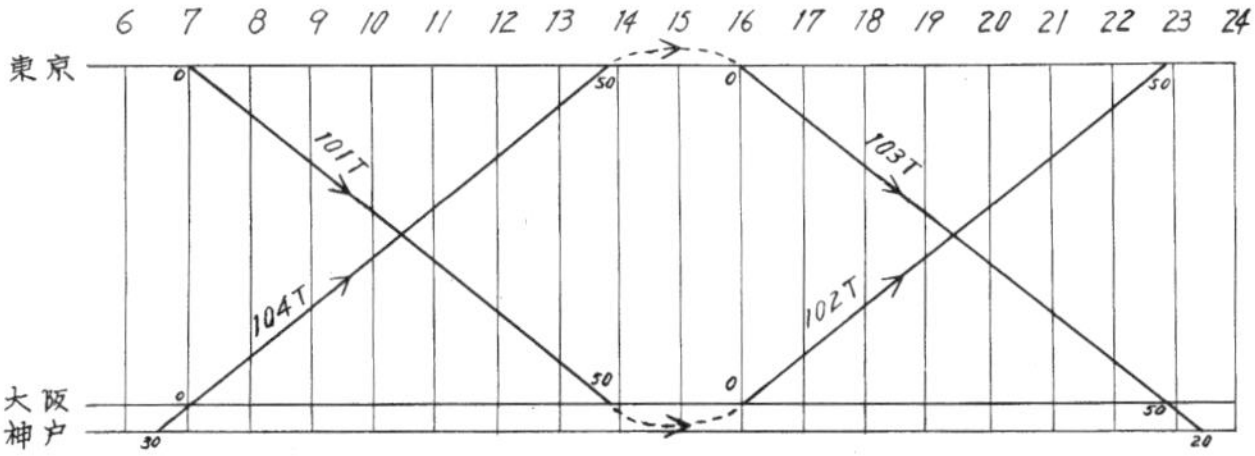

昭和33年11月ダイヤ改正 ビジネス特急「こだま」運転時刻(出典:『ビジネス特急電車』日本国有鉄道/1958刊)

鉄道とは「経験工学」の所産といわれる。一度空中に上れば地上側システムとの接点が希薄な航空機やテストコースで十二分な確認ができる自動車と異なり、鉄道は実際の営業線上での実績、つまり経験を積み重ねて安全性や設計余裕などが確認できてからでないと次のステップに進めないという側面を併せ持っている。

　こだま形電車は従来の経験工学にシステム工学的手法をプラスして電車列車の長距離運転と狭軌で最高速度１１０㎞／ｈを達成した。さらに従来の機関車牽引列車では不可能だった高速運転や高効率運用をいともあっさりと実現して電車の長距離運転に対する懸念を払拭した。「こだま」の実績と技術的蓄積があって２００㎞／ｈを超える高速電車開発のスタートラインに立つことができたのである。

　その成功、つまり「０」を「１」にした実績は国鉄にシステム工学を実践するノウハウを確立させた。このノウハウに標準軌のほか交流電化・交流電気車両・ＡＴＣなどの要素技術を導入すれば最高速度２００㎞／ｈを超える東海道新幹線を実現する、つまり「１」を「１００」にする技術的見通しが立つ。「こだま」の成功は新幹線システムの基盤をも確立したのである。

6章

こだま形電車の成長

客車特急「つばめ」「はと」の電車化
——1分1億円かかったスピードアップ

編成の最後部に展望車をしたがえ、国鉄の看板列車として活躍を続けた客車特急「つばめ」「はと」も若き天才児「こだま」の出現で急に見劣りするようになった。

なかでも展望車は製作後30年近い年月を経過して老朽の域に達し、インテリアはリニューアル（更新）されていたが、乗り心地は新形の３等車より悪い状態になっており、新車に置き替える必要に迫られていた。客車新製案と電車新製案との経済比較の結果、後者の有利なことが確かめられ、「つばめ」「はと」の電車化が決定した。こだま形が営業運転開始から数か月後のことだった。

そこから少しさかのぼった昭和33（１９５８）年7月には「つばめ」「はと」専用編成という前提条件で、車両メーカ各社から臨時車両設計事務所に計画案が提案され、川崎車輌からはステンレス車体で1等車はビスタドーム式とする案が提出された。

同じ特急列車でもビジネス特急「こだま」と「つばめ」「はと」では格が異なる。「こだま」と別編成とする計画は、当時としては順当だったという感がないでもないが、33年10月の企画委員会で「つばめ」「はと」電車化にあたり、展望車・食堂車をどうするか関係局で検討する

「つばめ」「はと」電車化川崎車輌案（所蔵：福原俊一）

「つばめ」「はと」電車化汽車会社案（所蔵：福原俊一）

よう指示が出され、「こだま」との関連において種々検討の結果、現行の輸送力を下回らず最も合理化される方式として下表の3案が最終候補に絞り込まれた。

編成については、当時の客車特急・急行が大阪・神戸寄りに優等車が連結されていたことに揃えて、いずれの案も編成中央の食堂車から神戸寄りが2等車、東京寄りが3等車という、21世紀から見れば隔世《かくせい》の感がある編成だった。

「つばめ」「はと」電車化にあたり、その象徴だった展望車に代わって第2案と第3案には「クパロ」と仮称されたパーラーカーが神戸寄り先頭車に組み込まれた。

34（1959）年2月5日の企画委員会で審議された結果、

①第1案ではパーラーカーがないこと、また

「つばめ」「はと」電車化計画

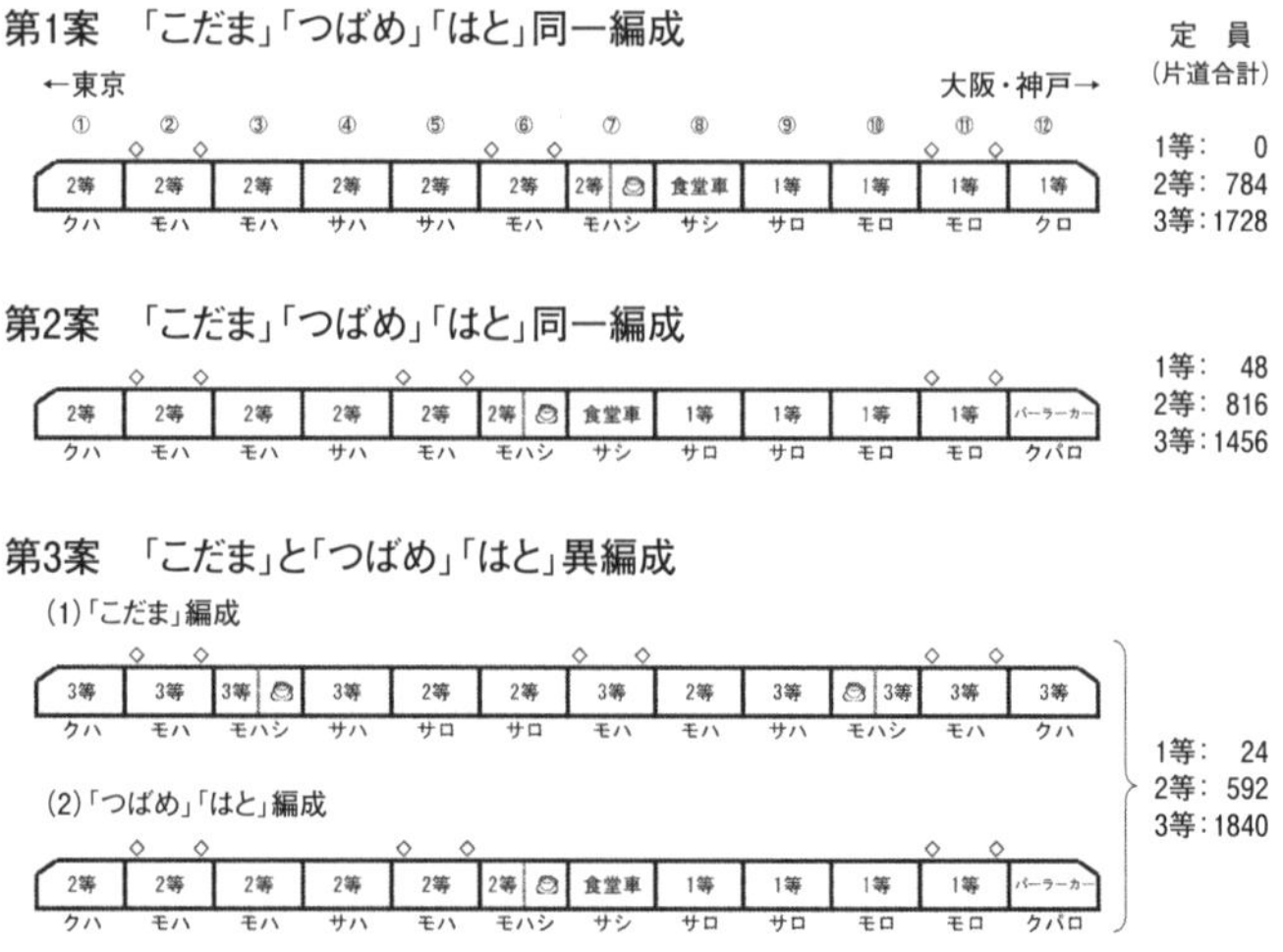

クロをパーラーカーとした場合は2等定員が現行を下回る難点があること

②第3案では現行「はと」に相当する編成からパーラーカー・食堂車がなくなる難点があること

などから、第2案の「こだま」と「つばめ」「はと」を同一編成とする案で「つばめ」「はと」を電車化する方針が決定し、2・3等車に冷房装置のない「つばめ」「はと」とのサービス格差を考慮して、35（1960）年度の夏期を迎える前の早い時期に置き替えることになった。

「長い間ファンになじみの深かった横綱が遂に引退して、その名を襲名した新進気鋭の新横綱が声援と期待のうちに登場するという感がある」と、当時の鉄道技術者向け部内誌に記された一文には関係者の思いが表われている。

京都駅東方で上り「はと」と離合する下り「第1こだま」（所蔵：福原俊一／撮影：奥野利夫）

明治45（1912）年6月に新橋～下関間で運転を開始した特急列車の編成最後部に連結された展望車は、一部の急行列車に例外的に連結されることはあったが特急列車の象徴的存在で、戦後復興を告げた「へいわ」も、東海道のスターに君臨した「つばめ」「はと」も、その例外ではなく、展望車へのノスタルジーは強かった。

しかし、こだま形が示した優秀な性能と静かで快適な乗り心地、そして動力近代化調査委員会で動力分散方式を推進する方針が打ち出され、高速運転が要求される優等列車は動力分散方式が当然という時代を迎え、国鉄の象徴的存在も近代化される時代を迎えたのである。

ビジネス特急「こだま」は昭和34年9月のダイヤ改正で6時間40分にスピードアップされていたが、さらに6時間30分にスピードアップし、下表のように電車列車の機動性を最大限に発揮させて東京（大阪）で1時間折り返しとする、つまり下り「第1つばめ」に充当された編

昭和35年6月ダイヤ改正 こだま形設定列車

列車番号・列車名	東京		大阪	記事
101T　第1こだま	7:00	→	13:30	
103T　第1つばめ	9:00	→	15:30	
105T　第2こだま	14:30	→	21:00	神戸着　21:28
107T　第2つばめ	16:30	→	23:00	
102T　第1こだま	13:30	←	7:00	神戸発　6:30
104T　第1つばめ	15:30	←	9:00	
106T　第2こだま	21:00	←	14:30	
108T　第2つばめ	23:00	←	16:30	

成は上り「第2つばめ」で折り返し運転し、単純に言えば4編成で4往復運転する計画が決定された。ビジネス特急「こだま」が大阪（東京）で2時間余りの短い折り返し時間で何の問題もなく運転していた実績があったからこそ実現できた計画でもあった。

下り「第2こだま」と上り「第2こだま」が従来の「はと」に相当する列車であるが、短い折り返し運転で先頭の列車名板を取り替えるわずらわしさを考慮して、列車愛称は「つばめ」と「こだま」に統一された。

また、こだま形電車の先頭に掲出された「こだま」の列車名板は固定式だったが、「つばめ」「こだま」で共用されるようになったことから、取り替えできる構造に改造された。新たに加わった「つばめ」の列車名板は上下にグレーを配したデザインが採用された。

昭和34年7月に臨時車両設計事務所旅客車担当次長に栄進していた星晃《ほしあきら》は、そのときのいきさつを、

「このときのダイヤ改正で『はと』の愛称が消えて『つばめ』と『こだま』だけになったので、区別して『つばめ』らしさを表わそうと色々考えた方策です。ところが昭和36（1961）年10月ダイヤ改正では『はと』をはじめ愛称名が一挙に増えたので、『つばめ』だけ特別扱いで他の特急列車は『こだま』に合わせ、文字だけの単純なデザインになってしまいました」

と語った。

一方、ビジネス特急「こだま」の特急券は早々と満席になる盛況はその後も続き、34年7～8月の多客期には3等は前売り開始の即日に満席となるなど人気は高まるばかりであった。

この需要に応えるため、多客期には予備車をやりくりして10両編成で運転したりしたが、それも焼け石に水で早急《さつきゆう》な編成増強の必要に迫られていた。

このため「つばめ」「はと」電車化で必要になる車両のうち比較的設計のまとまりやすい車種を先行製作して「こだま」の編成を増強する計画も併せて決定され、34年度年末年始輸送が本格化する直前の12月13日から左ページ下の12両編成に増強された。

電車の2等車は比較的騒音の少ない付随車と従来は相場が決まっていたが、こだま形電車の静か

パーラーカーを先頭に汽車会社を出場する「つばめ」用の新編成（所蔵：福原俊一）

で快適な乗り心地の実績を踏まえてモロ（2等電動車を意味する形式記号）が製作されることになった。

「こだま形の第1次増備車でモロを製作することになったときは、もう反対意見は出ませんでしたね、設計者としては少し心配だったのですが……。しかし全く問題のない使用実績を示し、これは全電動車の新幹線電車実現に際して大きな礎《いしずえ》となりました」

星の思い出である。

＊

「つばめ」「はと」電車化は昭和35年6月1日と決定し、前述のように6時間40分から6時間30分にスピードアップされることになった。運転開始当初から見れば20分の短縮である。

さらに「つばめ」「はと」の代替となる特急としては、従来通過していた熱海・岐阜などにも停車する必要があった。この時間を生み出すため、プロジェクトチームは綿密な検討を重ね、コンクリートまくらぎ化など軌道構造の強化や、岩渕（現在の富士川）～掛川《かけがわ》間の架線改良などを実施した。合計で約13億円が投資され、1分の短縮に約1億円かかったとして当時の話題になった。

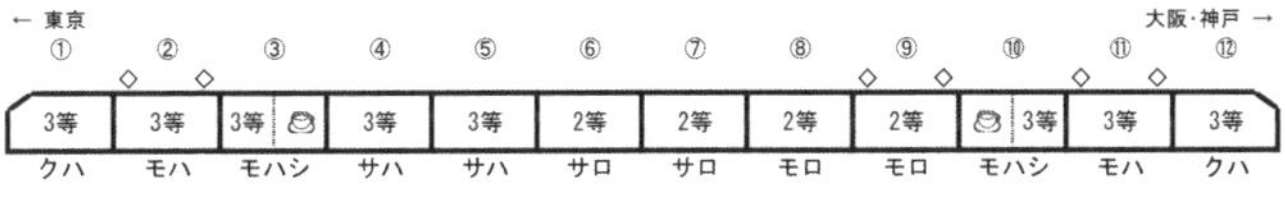

駅のポイント通過は制限速度95㎞／hが定められていたが、「こだま」は従来の慣例にならって90㎞／hで通過していた。齋藤はポイント通過中に加速させ、最後部が95㎞／hで通過するように考えた。こだま形のように加速の良い電車でなければできない芸当で、これによって1駅あたり5秒の短縮時間を捻出した。

　このような努力の積み重ねで6時間30分運転が実現した。しかし、曲線区間・踏切や法規面で制約の多い狭軌《きょうき》鉄道では、こだま形電車といえどもこれが限界だった。抜本的なスピードアップは「こだま」の技術的基盤を受け継ぎ、標準軌別線で建設される新幹線に託す以外にない。その開業は4年後の昭和39（1964）年だった。

世界にも例のない大窓と品位ある空間を創れ
——伝説のパーラーカー

「つばめ」「はと」電車化後の新編成は、当時の客車特急・急行にならって編成中央の食堂車から神戸寄りを2等車、東京寄りを3等車と定められた。戦後は終わったが、旧華族や財閥と呼ばれる人たちが残っていた時代、「つばめ」「はと」電車化にあたっては、展望車に代わるパーラーカーが神戸寄りの先頭車に連結されることになった。

このパーラーカーは従来の伝統を継承しながら新時代の特急電車にふさわしいものとしなければならない。従来の展望車では客室内に設けられていた小さなカウンター式のサービスコーナーを客室との仕切外に置いて目立たないようにして、客室に落ち着きと品位のある特別車両を作るようにと、こだま形に続いて修学旅行電車や日光形電車の設計を終えて間もない星たちプロジェクトチームに島秀雄《しまひでお》から直々に指示が出された。

ここで客車特急「つばめ」「はと」の最後部に連結されていた展望車の設備を簡単に説明しておこう。展望車の車内は展望デッキ寄りから展望室、客室、給仕室の順に配置されるのが一般的で、戦後には飲物類が提供できるサービスコーナーも設けられていた。

乗客（もちろん展望車の）が自由に利用できる展望室はホテルのロビーに相当し、1両の定員が十数人という贅沢な空間は「日本で一番マナーの良い階層」の乗物だった。最後部の展望デッキは発車を見送りにきた人に手を振るときのための舞台で、走行中に展望デッキに出るようなミーハー的行為に使うものではなく、展望車の乗客はそのような品のない行動はしなかった。それだけ品格ある車両だったのである。

島から特に指示を受けた星たちプロジェクトチームは、パーラーカーの設計に着手した。車内は次ページ図のように、運転室後部にグループ客及びＶＩＰ客の利用を考慮した小部屋の区分室を配置し、出入口後部に片側1列の座席が並ぶ開放室を配置した。

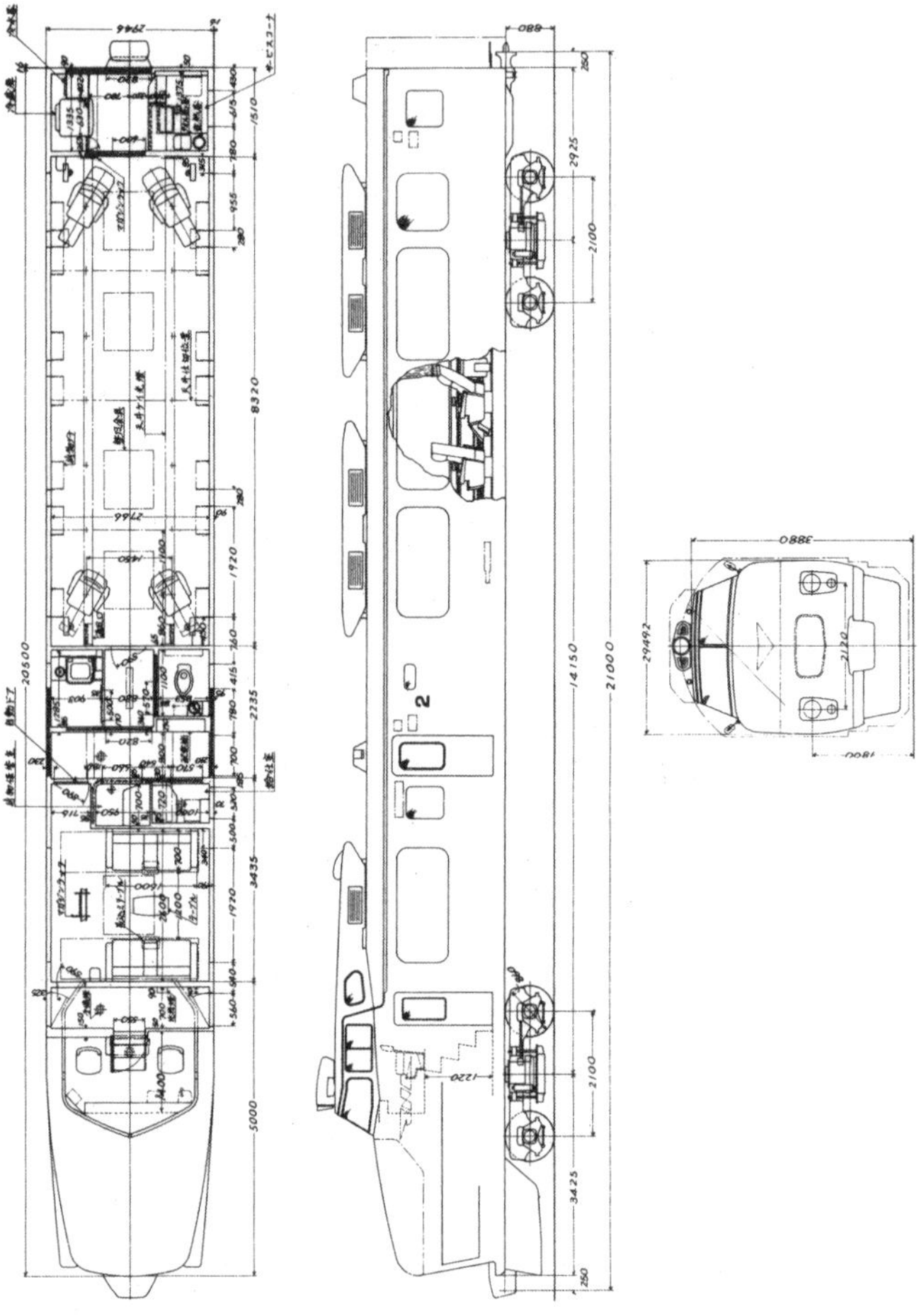

パーラーカー(クロ151)形式図

パーラーカーの名称は片側1列の座席が並ぶ車両を、米国でそのように呼ぶ流儀にならったものだった。優等列車に使われる旅客車の出入口や便所・化粧室は、乗客への利便性や車体強度などを考えて両端に設ける方式が一般的であるが、パーラーカーでは区分室と開放室の中間に設けた。区分室の乗客が開放室を通行しないですむようにという配慮だった。

遠く明治年間に山陽鉄道が始めたといわれる列車給仕の伝統は当時の展望車に受け継がれ、列車ボーイ（といっても中年の職員だったが）と呼ばれる列車給仕が乗務していた。パーラーカーはこの伝統を受け継ぎ、出入口の前部に給仕室を配置した。

先頭部には運転室があるので、従来の展望車のように窓越しに最後部を眺めることはできない。それでは眺めのよい大きな側窓を作ろう――星のコンセプトは固まった。

こうして2m×1mという大窓が誕生することになった。「こだま」は複層窓と呼ばれる二重構造ガラスの固定窓が使われたが、営業運転開始後に投石などの心ない行為により外側ガラスが破損したことがあった。その対策としてこの大窓には厚さ8㎜のガラスが使用され、1枚あたりの重量約70kgという当時としては世界で初めての大窓がお目見えしたのである。

「2重構造ガラスで2m×1mという大きさは、当時のガラス製法では限界に近かったので、ガラスメーカに最初はなかなか引き受けてもらえませんでした」

星は当時の思い出を語ったが、この大窓は実用上問題のないことが確かめられ、メーカとしても大きな実績になったという。

星が欧州出張したときに見聞したイタリア国鉄の「セッテベロ」にはガラス仕切のコンパートメント（区分室）が設備され、室内にはヒンジでフタのできる戸棚が設備されていた。昭和20年代に設計された特別2等車で鋼板製の荷物棚が試みられたことがあったが、座席から荷物が見えないため忘れ物が多くなった教訓から、以後の旅客車の荷物棚は座席から見えるように設計するのが当時の不文律であった。

しかし、列車給仕が乗務するパーラーカーでは特別2等車のような心配は要らない。星は区分室の荷物棚には「セッテベロ」に範をとったヒンジ式の戸棚を採用した。

開放室の腰掛は足乗せ台を設けたほか、車窓を展望できる位置と従来の展望車のように向かい合って談話ができる位置でも固定できるように配慮された。

従来の1等展望車は腰掛を白地のカバーですっぽり覆ってしまう習慣があったが、これでは折角作った見栄えの良い柄《がら》が見えなくなってしまうので、テトロンレースの枕カバーも併せて作った。星たちがデザインしたこの枕カバーにはＪＮＲの刺繍《ししゅう》がさりげなく入れられていた。

その腰掛の上部には強化ガラス製の荷物棚が取り付けられた。

「大きな荷物は給仕が荷物保管室で預かりますから小物の類《たぐい》を載せる程度の大きさで十分でした。何より開放感を見せたかったので、開放室の荷物棚は透明なガラス製にしたのです。とは

パーラーカー開放室(提供:近畿車輌)

パーラーカー区分室(所蔵:福原俊一)

いっても、ある程度の強度は必要なので強度試験を行った記憶があります」

星の思い出である。

区分室・開放室腰掛の掛け心地には特に気を遣った、パーラーカーの大窓が外から引き立って見えるよう窓縁のゴムをステンレスで覆った、車内は品位ある色調とし区分室では2種類の色調パターンを用意した、区分室の照明には当時流行し始めた光天井照明（天井全体を乳白色のプラスチック板で覆って平面光源のように見せる照明）を用いた、足元のヒータには工夫を凝らした形状のステンレスカバーを取り付ける……など、パーラーカーは細やかな心遣いと工業デザインの成果が随所に活かされた。

1両の定員が18名というパーラーカーは、長年旅客車の設計に携わった星の最高傑作と言っても差し支えないだろう。いまや伝説となったパーラーカーがここに誕生したのである。

*

「つばめ」「はと」電車化から1か月遅れた7月1日、3等級制から2等級制への移行が実施された。当時、1等車として在籍していたのは「つばめ」「はと」に連結された展望車と、外国人――当時はアジア・ヨーロッパ諸国からの来日者数は少なく、外国人客といえば一般に米国人を指していた――を中心とした団体客が利用するときのみ展望車の隣に増結する座席車だけだったが、展望車廃止にともない従来の2・3等車がそれぞれ1・2等車に改称された。

「安保条約改訂の影響で国会審議が遅れ、6月の実施が7月にずれました。一方で6月1日ダイヤ改正は福島電化にともなう改正だったので期日を変更できません、このため1か月間は三等級制のままとしたのです。『つばめ』電車化で運転を開始したパーラーカーは新制度での1等車だったから、側面には『1』という一等車を表わすマーク（数字）がついていたのですが、法律が通ってないから、上から『2』という数字を急遽《きゅうきょ》その上に貼り付けました。現場は大変だったですよ」

とは須田《すだ》寛《ひろし》の思い出である。

ちなみに2等級制移行後のパーラーカーは1等運賃・料金のほかに1800円の特別料金が必要になったが、従来の展望車から見れば運賃は安く、大幅なサービスアップであった。

鉄道旅行の醍醐味を演出する空間を創れ
——モダンアートの食堂車

パーラーカーと同時に、食堂車がこだま形電車の新編成に組み込まれることになった。従来の食堂車は料理室が側廊下と仕切られていたのに対し、こだま形の食堂車は当初は料理室の側廊下部にカウンター席を置く案が立てられた。

近代的感覚のオープンキッチンが飲食店に普及していた時代でもあり、少数客向けのカウンター席を設け、料理室と食堂部の仕切を開放的にする案だったが、食堂会社の反対でペーパープランに終わったと星は回想録に記していた。21世紀になってからのことだが、この話題になったとき「食堂会社の反対もありましたが、カウンター席をやめるように島技師長からご指示があったのですよ」と静かに語った。

テーブル席を増やしたほうが回転がよくなるためとのことで、結果的にあさかぜ形客車など従来の食堂車と同様に４人席テーブルを両側に配置した中央通路方式が踏襲された。

従来のあさかぜ形客車の食堂車には冷房装置が搭載されていたが、冷房化されていたのは客席の食堂に限られ、料理室は冷房化されていなかった。サシ１５１では夏期においても端正な服装で調理できるようにという配慮から、料理室にもユニットクーラが取り付けられた。星は「当時は一流レストランの厨房も冷房化されていない時代だったのですよ」と語ったが、星らしい心憎いまでの配慮だった。

ところで食堂部には４人向かい合わせテーブルが通路の両側に配置されたが、これはあさかぜ形客車の食堂車やその少し前に「つばめ」「はと」用として完成した食堂車にならったものだった。それまでの食堂車は通路を挟んで４人掛けテーブルと２人掛けテーブルが並んでいたが、車体幅を広げたスペースを活用して席数を増やしたのである。

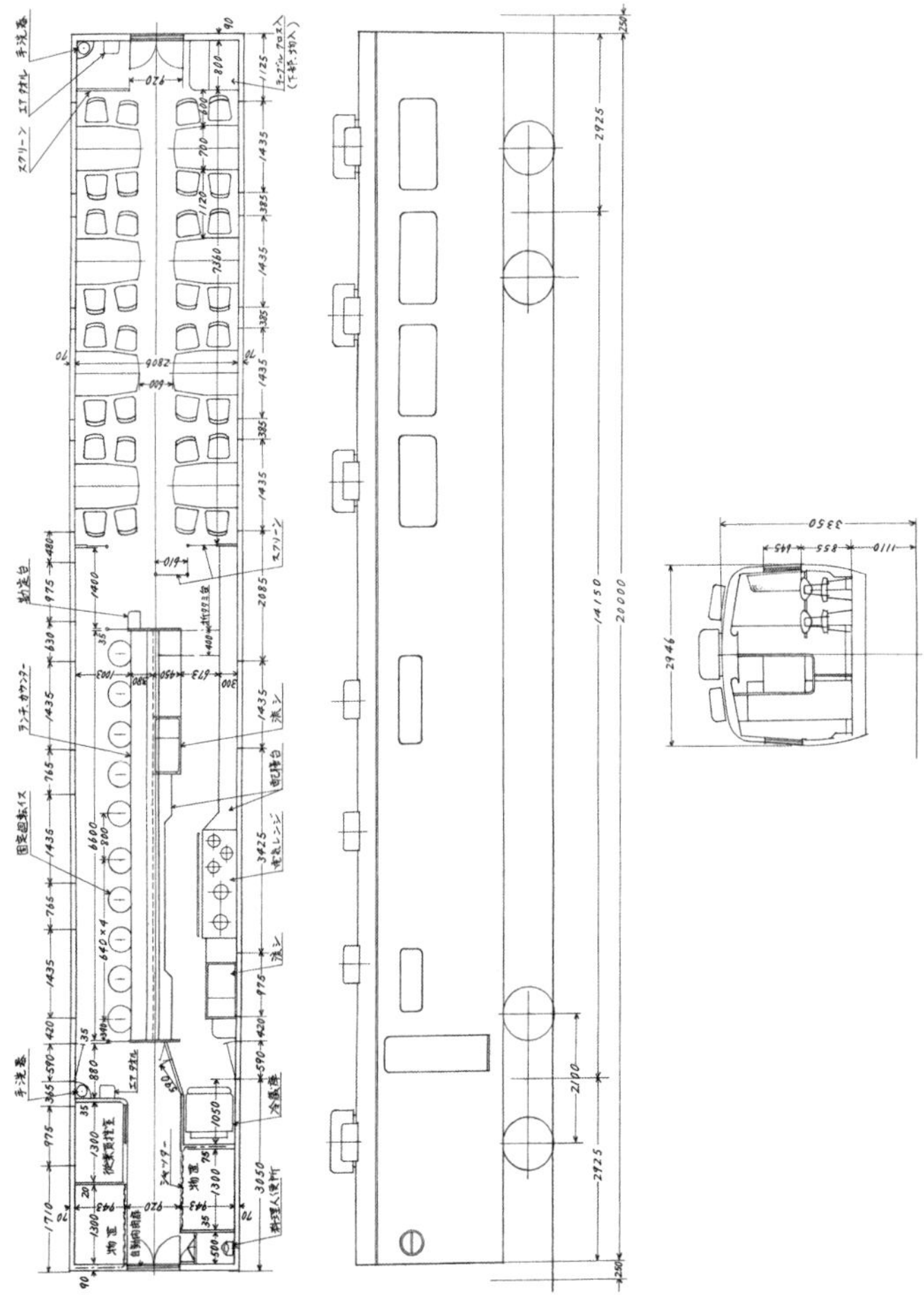

サシ151形式図(当初案)

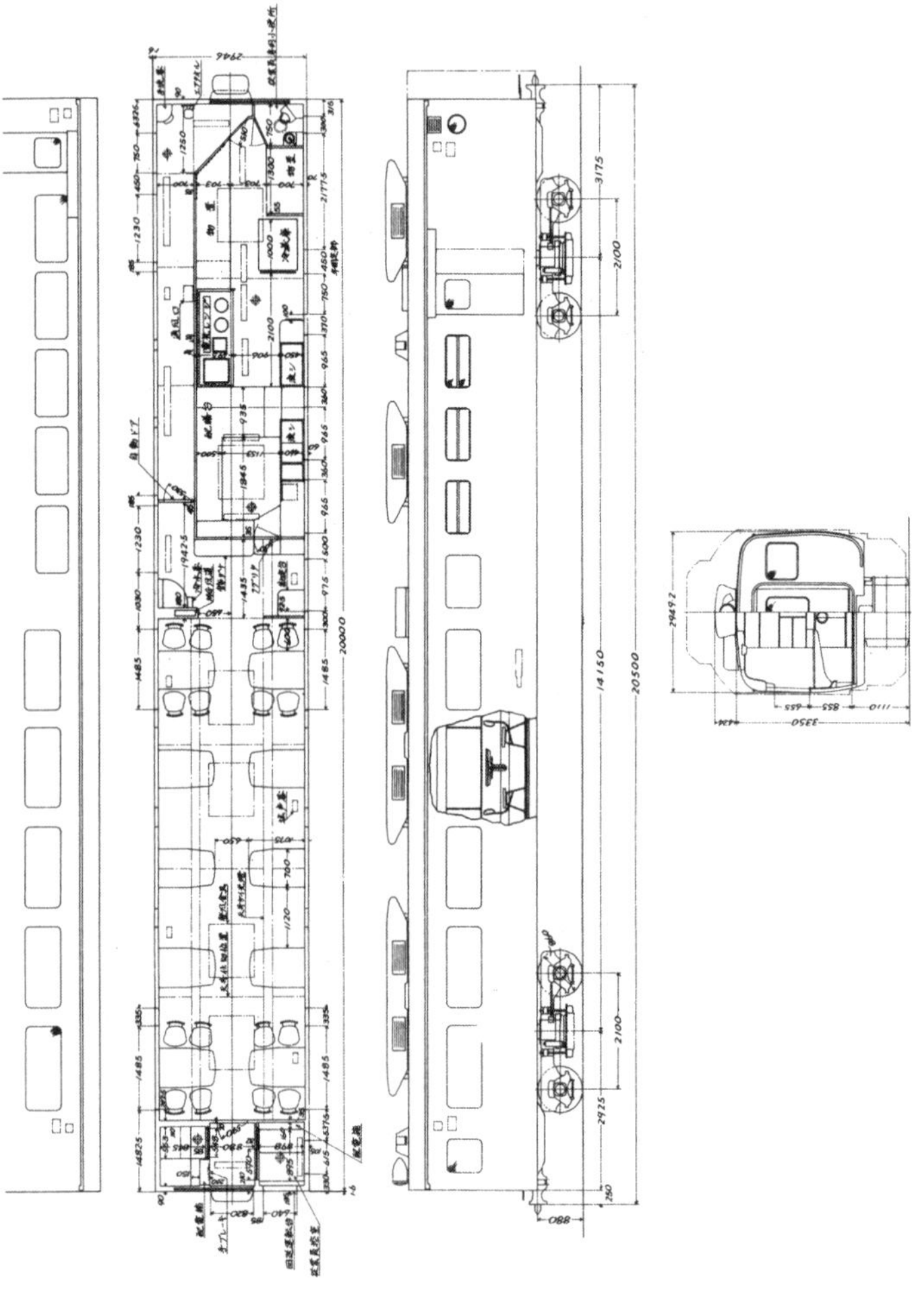

サシ151形式図

「4人掛けテーブルを両側に配置した食堂車を設計した当初は、食堂会社から『今まで使っていた2尺1寸のお膳がテーブルに載せられなくなる』といって反対されましたが、実際に営業してみると何の問題もなく、席数が増えたことによって食堂会社の売り上げも増加して、今度は逆に『ぜひ、4人掛けテーブルを両側に配置してほしい』と言ってくる。現金なものでしたね」

　星は当時の思い出を語った。

　食堂車は旅の楽しさを演出する空間である。星はインテリアにモダンアートを取り入れ、勘定台前部には車両工業デザイン委員会が考案した「枯木」と題するV字形の飾柱を配置した。

　また、食堂部には列車の走行位置を表示する装置を取り付けた。車窓を一目見るだけで走行区間を判別できる「旅行通」ばかりではない乗客への配慮で

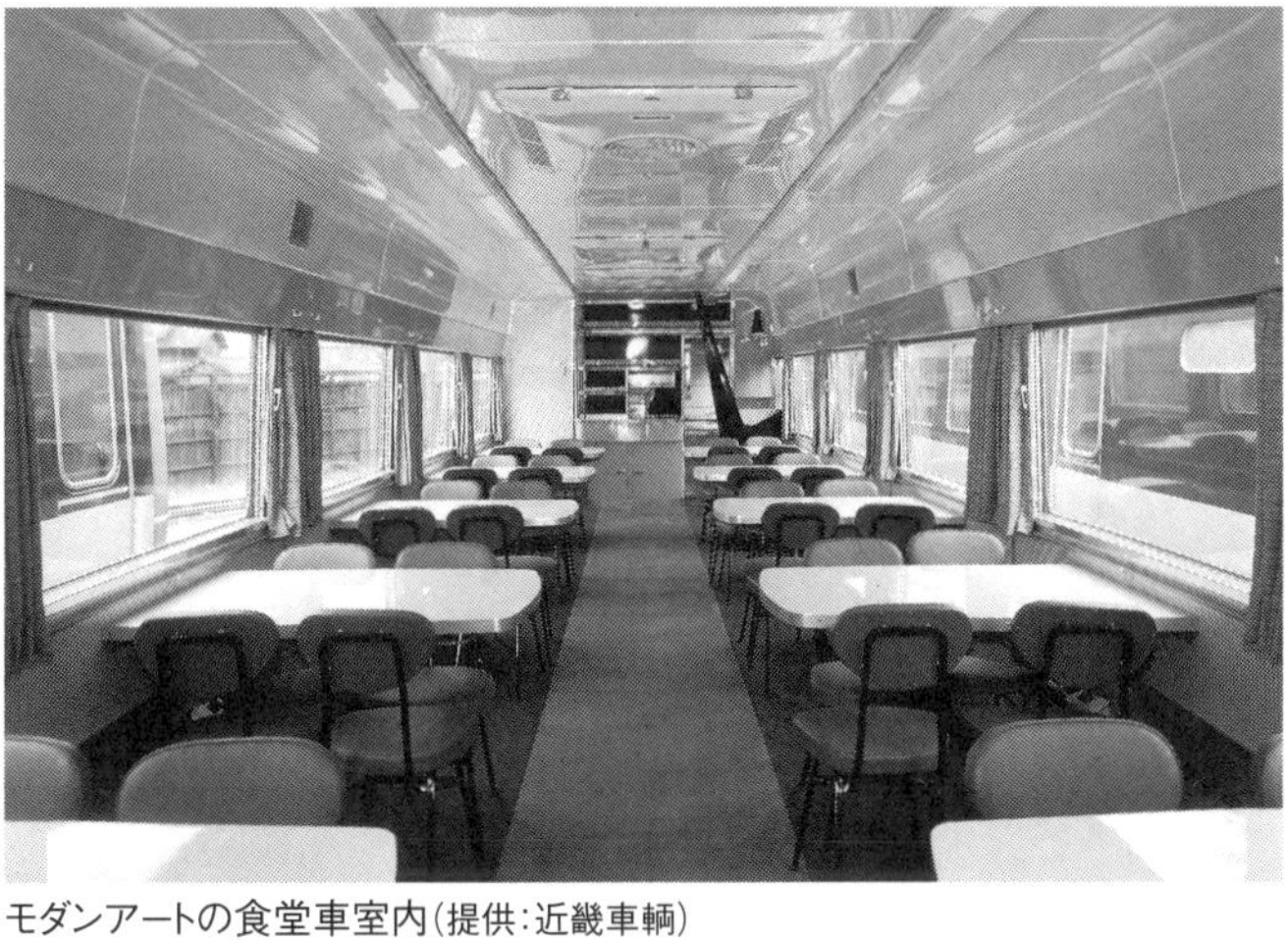

モダンアートの食堂車室内（提供：近畿車輌）

ある。鉄道旅行の良さを知悉《ちしつ》した星ならではのアイデアだった。

「いまどのあたりを走っているのかを乗客がすぐ分かるように考えたのです。指標は時計仕掛けで移動するだけの簡単な仕組みのものなのですが、ほとんどの列車は定時で走りますから実用上は問題なかったのです。事故などで遅延したときは食堂従事員が表示器を停止する取り扱いにしていました」

列車位置表示装置の思い出を星は語った。現在の新幹線電車や特急電車ではスクロールメッセージで「ただいま○○駅を通過」と標示されるが、その元祖的存在といえよう。

パーラーカーと食堂車に採用され、現在の新幹線電車や特急電車では当たり前となった設備の1つに自動ドアがある。こだま形第1陣の客室とデッキ（または貫通路）との仕切戸は、従来の旅客車と同様に手動で開閉する構造であったが、乗客が開けたまま通行することが多く、冬期には車端部座席の乗客から「引戸の番人ではないぞ」といった苦情が寄せられていた。

この対策として重りの作用で扉が閉まる機構（専門的にはドアチェックと称する）が付加されていたが、パーラーカーの区分室と食堂車料理室側の出入口には、日本エヤーブレーキ（現在のナブテスコ）社が米国ナショナルニューマチック社との技術提携により製品化した自動ドアが装備された。登場当時は「マジックドア」の通称で呼ばれた自動ドアは、こだま形電車がその嚆矢《こうし》となったのである。

一夜にして組み替えられた新編成
——田町電車区の語り草

昭和35（1960）年6月からこだま形電車はパーラーカー・食堂車を組み入れた新編成で運転を開始した。これにともない5月31日まで運転されていた編成を翌朝からは新編成に、つまり一夜にして新編成に組み替える必要があった。これを図示すると次ページの通りになるが、

①前日東京に到着した「こだま」の編成をバラバラにして翌朝までに新編成に組み替えること

②6月1日大阪発となる「こだま」「つばめ」用として新編成を2本、31日までに用意すること

などの条件を満足しなければならない。電車は制御回路を編成に引き通す関係から編成上の向きが厳格に決められているため、新編成への組み替えにあたり半数近い車両は方向転換もしなければならない。5月31日の田町電車区は限られた時間のなかで、パズルのような作業を1つひとつ間違いなく行って4本の新編成を組み上げる重責を担った。

田町電車区ではこだま形1両ごとの模型を作って図上演習、現代流に言えばシミュレーションを幾度《いくど》も行い、作業手順に漏れや抜けがないかチェックを重ねた。普段の田町電車区は横須

賀線電車も入庫して夜間は満杯になるが、この日は多くの編成を「外泊」させて編成替え作業のスペースを確保し、万全の準備を期した。

こうして迎えた5月31日、上り「第1こだま」が東京駅から回送されて田町電車区に到着したのを皮切りに編成替えが始められた。この作業を横目に見ながら夕刻に下り本線を通過した「第2こだま」は事前に準備しておいた新編成で運転された。大阪に回送された編成とともに翌日の大阪発「こだま」「つばめ」に充当されたのである。

午後3時から始まった編成替えが完了したときには上り「第2こだま」が田町電車区に回送されてくる時間に近くなっていた。万一に備えて本社をはじめとした関係者も立ち会い、構内には臨時の照明灯や拡声装置が備えられた。

「つばめ」「はと」電車化にともなう編成替え

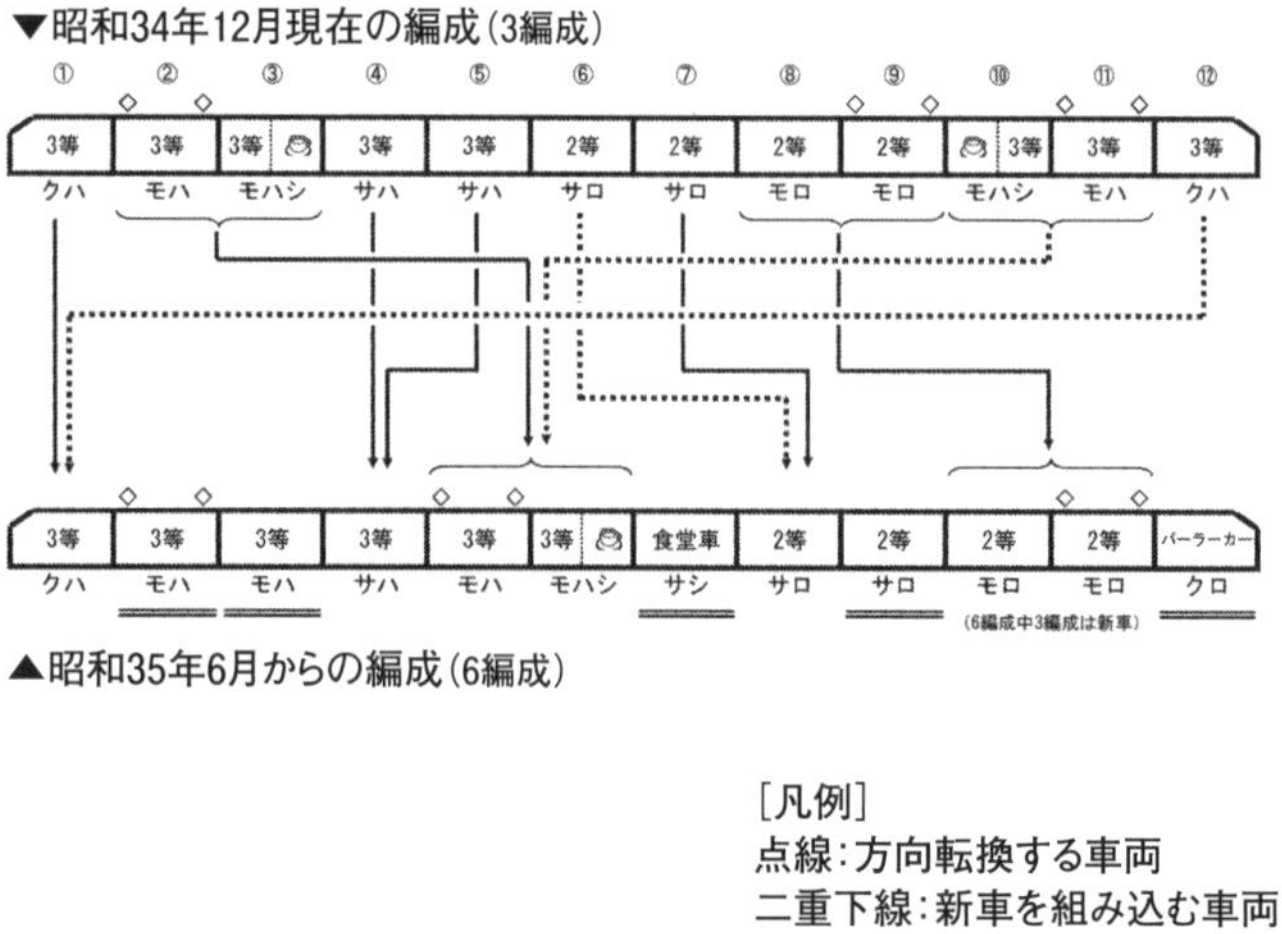

［凡例］
点線：方向転換する車両
二重下線：新車を組み込む車両

編成替え作業は緊張のクライマックスを迎えた。照明灯に映し出されるなか1両1両連結され新編成ができあがっていく。12両の編成が完成し、試運転が無事に終了したのは東の空から朝の太陽が顔を出していた6時だった。

入換班、方転及び試運転班、組成班などに分かれて作業に従事していた田町電車区員は、当然ながらこの間一睡《いっすい》もしなかった。この作業に従事した古正《ふるしょう》武雄《たけお》は、

「編成替えが終わったときには疲労が爆発的に出てきた。目は血走り薄汚れた顔、顔、顔。ふとシベリヤ抑留生活を思い出した。一夜にして化粧直しを行い、何事もなかったかのように走っていく下り『第1つばめ』を品川駅で見送ったときには感無量になって、なにやら目頭が熱くなってきた」

パーラーカーを先頭にした新編成の「つばめ」（所蔵：福原俊一／撮影：奥野利夫）

と述懐している。6月1日の下り「第1つばめ」は電車化を祝して華やかな出発式が行われたが、その陰には田町電車区で伝説となった苦労があったのである。

安保闘争と田町電車区
――特急電車を愛するならば、こっそり「仕業検査」をやってくれ

昭和27（1952）年4月、サンフランシスコ講和条約が発効し占領下だった日本が独立国家に復帰し、併せて日米安全保障条約が結ばれた。岸内閣時代の昭和35（1960）年、この安保条約改訂をめぐって国内世論は真っ二つに割れた。安保条約改訂に反対する全学連のデモ隊が国会議事堂に突入したり、30万人を超えるデモ隊が国会議事堂を取り囲むなど世情は騒然としていたのである。

総評は安保条約破棄や当時の岸内閣退陣を要求して統一ストを指令、国鉄も「つばめ」「はと」電車化間もない6月22日の午前0時から7時までのストライキに突入することになった。田町電車区も拠点の1つとなったため、21日の上り「第2つばめ」を田町電車区に戻さず、東京駅へ留置させたまま22日朝東京を発車する下り「第1こだま」として折り返し運転することとなった。

しかし、これには問題があった。電車区で実施する仕業《しぎょう》検査（パンタグラフすり板など消耗品の摩耗状態や台車・ブレーキ装置の動作状態を確認する検査）を行わないまま運転することになってしまう。万一車両故障が発生したら乗客に迷惑をかけることになる。その日の当直だった中《なか》島栄吉《じまえいきち》は思い悩んだ末、東京駅に駐在する検査担当に電話をかけた。

「特急電車を愛するならば、深夜2時頃こっそり仕業検査をやってくれ」

中島栄吉の言葉に東京駅の検査担当は快《こころよ》く了解し、組合員の目を盗んで密かに検査をやり遂げた。「こだま」を無事に運転する――田町電車区員の思いは労使の枠を超えて1つだった。22日の下り「第1こだま」は世情の騒然をよそに大阪駅に無事到着した。

安保条約は自民党の強行採決によって成立、岸内閣は退陣して池田内閣が発足した。池田内閣は経済の繁栄と国民生活向上に重点を置き「所得倍増計画」を旗印に掲げた、高度経済成長が本格的に始まる時代を迎えたのである。

地上と会話できる無線電話網を構築せよ
――電報と通信筒との訣別

電話は現在でこそ身近な通信手段になっているが、一般家庭の電話普及率が50％を超えるのは昭和40年代終盤のことで、35（１９６０）年はわずか２・１％にすぎず、当時は旅先から自宅や会社などへ連絡する手段はもっぱら電報だった。

しかし、昔ながらの方式は近代的な特急電車にはそぐわない。こだま形が営業運転を開始する以前から列車電話の取り付けが計画され、「つばめ」「はと」電車化から少し遅れた35年８月から電電公社（現在のＮＴＴ）と接続した列車電話サービスが開始された。こだま形電車には車上設備として電話室、ビュフェ屋根上に無線アンテナを取り付け、４００Mz帯のＵＨＦで結ぶ基地局は東京〜大阪間の14か所に設置した。

長大トンネルが介在する小田原〜三島間などは通話できず、電話のかけられる地域も東京（03）、名古屋（０５２）、大阪（06）に限られていたが、自動車電話網などの通信インフラが整備されるのは20年以上先の話、４往復の特急「つばめ」「こだま」のためだけに国鉄が用意した贅沢な、しかし両列車のクォリティの高さを象徴する設備だった。黒澤明監督の名画『天国と地獄』で下り「第２こだま」に乗った主人公に犯人が身代金の受け渡しを指示する重要な小道具として登場する列車電話は、時代の先端を行く設備だったのである。

電話室はビュフェに設けられたが、パーラーカーでは給仕が電話を持参して自席で通話できるように配慮された。周りに迷惑をかけるようなマナーの悪い乗客はパーラーカーにはおらず、他人に聞かれると困るような場合はデッキで通話できるようにも配慮されていた。携帯電話の普及により列車公衆電話サービスは令和3（2021）年6月に終了したが、こだま形の列車電話はエリートビジネスマン御用達の道具だったのである。

蒸気機関車が主力だった時代、走行中の列車乗務員が地上と連絡する手段は、砂袋の付いた通信筒に手紙を詰めて通過駅のホームに投げ落とす以外になかった。つまり走行中の列車は情報が隔絶《かくぜつ》した空間だったのである。

従来の蒸気機関車の時代ではそれでも通用していたが、「こだま」が営業運転開始間もない頃、発電機が故障して人家のない、つまり外部と連絡の取りにくい区間で立ち往生したため、一時は「行方不明」騒動を引き起こしたことがあった。

ビュフェ車端部に設けられた電話室（星晃）

声が反響しないよう、壁を布張りとした電話室内部（星晃）

この対策として走行中の列車乗務員と地上側が業務用電話（鉄道電話）で通話できる設備が要望され、前述の公衆電話網と設備を共用した鉄道電話が運転台や車掌室に取り付けられた。

走行中の列車乗務員と地上を連絡する列車無線は国鉄民営化直前の昭和61（１９８６）年度に全国の線区に設けられ、現在ではＪＲ各社で広く普及しているが、こだま形の列車無線電話はそのさきがけとなったのである。

社会問題となった車両故障
——人気者ゆえの「有名税」

パーラーカーと食堂車が組み込まれた１５１系こだま形は、斬新なイメージとともに張出《はりだし》横綱的な意味合いを持っていた「ビジネス特急」から国鉄を代表する「特急列車」に昇格した。

しかし「つばめ」「はと」電車化にともなう6時間30分へのスピードアップの無理がたたったのか、昭和35（１９６０）年6月以降は車両故障に起因する事故が増加するようになった。36（１９６１）年5月2日と12日には下り「第１つばめ」の車両故障の影響で、折り返し列車となる上り「第２つばめ」は東海形で代用（専門的には特発と称する）した。

東京駅折り返しとなる列車が遅れた場合は田町電車区の予備車を充当するなどの操作が可能

であるが、大阪駅折り返しの場合は予備車の配置がないため、甚《はなは》だしい遅延あるいは途中で運休となった場合の折り返し特急には他の急行・準急を犠牲にして捻出した東海形を特発して対応せざるを得なかったためである。しかし電車特急の乗客にはこだま形に乗ることを楽しみにしている人も多いため、東海形の特発は苦情が多くマスコミに大きく報道されるなど社会問題となっていた。

昭和36年5月13日付の産業経済新聞は、

「12日午後5時25分、下り『第1つばめ』が2時間近く遅れて大阪駅に着いた。モータに故障を起こしたためで電気機関車にひかれたみっともない姿だった。これよりさき午後4時30分に上り『第2つばめ』が10番ホームから発車したが、いつもの流線形の車両ではなく急行に使われる東海形の車両。上り『第2つばめ』は『第1つばめ』を折り返して使うが、下り列車の故障・延着で東海形編成となったわけ。10番ホームは大混雑だった。マイクがお詫びの言葉を繰り返す（中略）子供連れのお客もあって、坊やは「これ『つばめ』と違う」とダダをこねる。おとなも本物より悪いシートに仏頂面《ぶっちょうづら》だ。このところこだま形電車のモータの事故があいついでいる（中略）しかし旅の前夜から「明日は『つばめ』に乗るのだ」とまんじりともできなかった坊やの夢をこわすのはやめてほしいもの」

と4段抜き、しかも写真を2枚も添えて報じた。国鉄を代表するスターダムの座を不動のものにしたこだま形電車への有名税でもあった。

東海形を特発した電車特急は「こだま」ならぬ「かえだま」と揶揄《やゆ》され、マスコミの好餌《こうじ》となっただけでなく鉄道愛好家のカメラの標的にもなった。

「東海道電車特急の故障を絶滅せよ」――異例の総裁訓示が発せられ、こだま形車両故障の原因究明が開始された。その結果、

①昭和35年6月以降のスピードアップにともない、モータにかかる電圧を調整する抵抗器容量が不足していたこと

②雨や関ヶ原付近の降雪に起因してモータや抵抗器がショートしたこと

などに起因することが分かり、この対策として抵抗器の容量増大やモータの密封化などの改造工事が次章で述べる昭和36年10月ダイヤ改正

東海形電車を代用した「つばめ」(福井紘一)

までに実施された。

これらの成果が実を結び、東海道電車特急は台風などの不可抗力的な災害を除けば安定した定時運転が確保されたのである。

ミコヤン第1副首相と昭和天皇・皇后両陛下
——防弾ガラスの区分室窓

パーラーカーが営業運転を開始してしばらくたってからのことだった。「近々、厳重に警備しなくてはならない要人が来日する。パーラーカーに乗車して関西方面へ旅行することになるが、拳銃で狙撃されても安全な防弾ガラスを至急開発するように」と密命が下った。

来日する要人とは当時のソビエト連邦でフルシチョフに次ぐナンバー2の座にあったミコヤン第1副首相。東西冷戦まっただ中だった時代、共産主義陣営主導国のソビエト連邦の高官が来日するのは戦後初めてだった。

東京だけでなく関西方面も視察する予定が組まれ、その際にパーラーカーの区分室に乗車するかもしれないということだった。安保条約改訂直後の昭和35（1960）年10月には演説中の浅沼社会党委員長が右翼の暴漢に刺殺された時代、ミコヤン副首相に万一のことがあっては国際問題になる……。

星はガラスメーカの技術者とともに夢の島（現在の京葉線新木場付近）にあった警視庁の射撃場まで出かけ、市中に出回っていた拳銃の実弾テストを行ってもらった。その結果、三重合わせガラスとした特殊な窓構造ならば至近距離から狙撃されても安全なことが分かった。

星は、この特殊構造のガラスをパーラーカーの区分室窓に使用する設計を進めた。

ミコヤン副首相は昭和36（１９６１）年8月に来日し「ソ連商工業見本市」開会式などに出席した後、オートメーション化された大阪の工場の視察や京都見物など慌ただしい日程を過ごしたが、東京と関西間の移動は往復とも夜行の客車急行に乗車した。

「理由は知りませんが、ミコヤン副首相はパーラ

射撃場での実弾テスト結果を確認しているところ（星晃）

ーカーには結局乗車しませんでした。ただこのとき設計した窓構造をパーラーカーの最終増備車に取り付け、貴賓《きひん》用として考慮しておくことになりました」

と星は語った。

*

昭和38（１９６３）年9月、天皇皇后両陛下は岡山大学病院に入院中の池田厚子夫人（昭和天皇の第4皇女）をお見舞いされた。

山陽新幹線も岡山空港に大形機が発着できる滑走路もなかった時代、東京〜大阪間は日航特別機に、大阪〜岡山間は特急列車に乗車されることになった。16日の往路はディーゼル特急「みどり」に増結した1等車、17日の復路はこだま形を使用した上り「第2富士」に乗車される日程が組まれた。

「往路の下り列車ではパーラーカーが先頭になるので、万一のことがあってはということからディーゼル特急を利用されたようです。復路では貴賓用に考慮しておいたパーラーカーに乗車されました」

は星の思い出である。

9月17日、両陛下は帰路の岡山〜大阪間でパーラーカーの区分室に乗車された。天皇陛下が乗車される列車は専用車両で編成した「お召し列車」で運転される。両陛下が一般の営業列車に乗車されたのはこのときが最初であった。

翌39（１９６４）年2月15日、池田厚子夫人お見舞いのため皇后陛下が岡山まで往復され、「富士」のパーラーカーに乗車された。

16日の上り「第2富士」の静岡〜東京間は過去にお召し列車の乗務経験の豊富な岡山保が担当したが、静岡を発車したときは2分40秒遅れだった。15日の下り「第1富士」は大雪と事故の影響で岡山到着が29分遅れてしまった。お召し列車を遅らせたら責任をとって命を絶つ覚悟であった戦前とは時代が異なるが、上り「第2富士」は何としても定時運転しなければならなかったのである。

「遅れを10秒15秒と徐々に詰めて（専門的には回復運転と称する）いったのです。熱海2分遅れで発車、横浜は定時で発車できましたね。東京に22：00定時で到着できたときはホッとしたのを覚えています。添乗されていた東京鉄道管理局の電車係長や指導助役から『ご苦労さん』と声をかけられ、皆で喜んだものでした」

と岡山は当時の思い出を語った。

7章

鉄道黄金時代の到来

電車・ディーゼル動車の躍進
——昭和36年10月白紙ダイヤ改正

列車の運転時刻を設定あるいは改正する作業を「ダイヤ改正」と称している。昭和33（1958）年に運転を開始した「こだま」は、従来のダイヤに新たな列車を挿入《そうにゅう》する方式で設定された列車だったが、この挿入式ダイヤ改正を繰り返すと、次第に列車が増発できなくなってくる。

そこで現行のダイヤを白紙に戻して全面的に組み替えを行う「大時刻改正」を数年ごとに実施している。東海道全線電化が完成した昭和31（1956）年11月19日に大時刻改正が実施され、その後も列車の増発が挿入式ダイヤ改正として逐次《ちくじ》行われていたが、32（1957）年度には56・5人だった1両平均乗車人員が35（1960）年度には57・7人まで増加し、特に優等列車の輸送力不足が著《いちじる》しい傾向を示していた。

このような背景から、現有の持てる戦力を最大限に活用して動力分散方式による高速優等列車網を全国に整備し、併せて新幹線建設などに所要となる資金確保を狙いとした大時刻改正が昭和36（1961）年10月1日に実施されることになった。

「白紙改正」と呼ばれるようになったこのダイヤ改正では、旭川から長崎にいたるまで全国の非電化区間にディーゼル特急網が出現するなど優等列車が大増発された。

「36年10月ダイヤ改正を計画した当時、『鉄道は斜陽産業』などと言われ、部内においてものような敗戦思想に染まった人が少なくない時代でした。しかし国土の広い米国ならいざ知らず、日本では鉄道でなければ駄目な分野が非常に多い。そのためには鉄道がいかに便利なものかを実証して見せなければならないと考え、前年の35年12月に『はつかり』でデビューしていたディーゼル特急を全国の幹線に走らせることにしたのです」

とは、ビジネス特急運転計画立案のリーダーを歴任後に運転局長に栄進し、ダイヤ改正の指揮をとった石原米彦《いしはらよねひこ》が後年の鉄道技術者向け部内誌の座談会で語った述懐である。

ここでディーゼル特急・急行の歴史を簡単に説明しておこう。昭和20年代後半に電車列車と同等に総括制御、つまり2両以上の編成運転を可能にした液体式ディーゼル動車が実用化され、30年代前半には機動力と駿足《しゅんそく》を遺憾なく発揮したディーゼル準急が全国で運転されるようになっていた。35年12月には上野～青森間を結ぶディーゼル特急「はつかり」が運転を開始し、36年10月白紙ダイヤ改正で増発されるディーゼル特急網にキハ82系と呼ばれる特急形ディーゼル動車が投入された。

一方、ディーゼル準急の主力だったキハ55系は一部のディーゼル急行に使用されるようになっていたが、東海形電車と比べると設備面で見劣りしていたことから、東海形同様に車体幅を広げるなど設備を改良したキハ58系と呼ばれる急行形ディーゼル動車が36年に誕生した。幹線電化が発展途上だった時代に行われた36年10月の白紙ダイヤ改正では、このディーゼル特急・急行が全国の非電化区間に大増発されたのである。

大動脈である東海道本線では昼行の優等電車列車と夜行の寝台客車急行が整備された。同線区の主役であるこだま形は「つばめ」「はと」電車化後も利用客は増加する一方で、輸送需要を満たすのに程遠い現状であったため、編成は下記のように、従来編成から1等車を1両減らした11両編成にする代わりに、東海道電車特急は一挙に8往復（日光形を使用した不定期特急「ひびき」を含めれば10往復）まで大増発された。

*

東京〜宇野間で運転される四国連絡特急にはディーゼル急行「四国」「南風」が接続するという幹線にふさわしい列車体系に生まれ変わり、愛称名には伝統ある「富士」が起用された。ビジネス特急の愛称名公募の際も将来に備えて温存された由緒ある愛称名だが、戦中期に廃止されて以来17年ぶりに満を持《じ》しての復活となった。

四国連絡特急「富士」の終端駅である宇野駅構内が狭いため、宮原電車区に夜

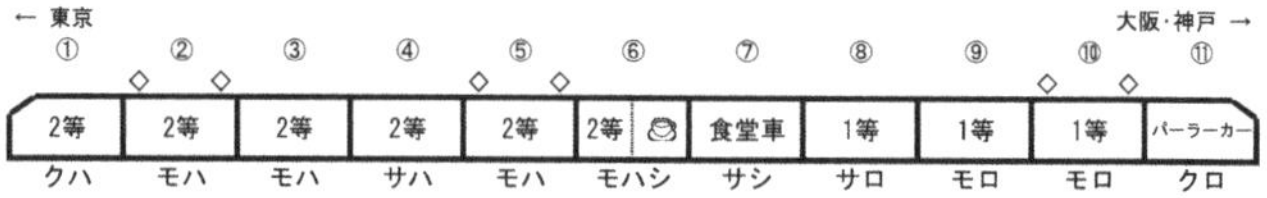

間滞泊することになったが、回送を兼ねて大阪〜宇野間２０９・４㎞という当時の特急列車としては運転距離が最短だった大阪本位の四国連絡特急も新設された。

この列車は四国鉄道管理局の強い要望で設定されたが、高松でディーゼル急行「道後」「浦戸」と接続し、大阪から松山・高知が日帰り可能なダイヤが組まれた。大阪本位の四国連絡特急は鳴門海峡にちなんで「うずしお」と命名され、運転距離が短いため1等６６０円、２等３００円の特定料金が適用された。

宇野線は昭和35年10月に山陽本線上郡《かみごおり》〜倉敷間と同時に電化されたが、変電所容量の制約から電車列車の電動車両数は4両に抑えられ、東海形を使用した大阪〜宇野間の準急「鷲羽」は4両の電動車と６両の付随車、４Ｍ６Ｔの10両編成で運転されていた。６Ｍ５Ｔで構成されるこだま形を宇野線で運転するため、同線区内では１組の電動車を機能停止（ユニットカット）

36年10月大時刻改正で「こだま」「みどり」の乗継ぎにより東京〜博多間が日着可能となった。写真は大阪駅に到着した下り「第1こだま」と、隣ホームで発車を待つ博多行き下り「みどり」（所蔵：福原俊一／撮影：奥野利夫）

昭和36年10月ダイヤ改正 増発列車キロ及び列車本数

列車種別	列車キロ			列車本数		
	現行	改正	増減	現行	改正	増減
特急	15,535	34,560	19,025	18	52	34
急行	74,701	120,173	45,472	126	223	97
準急	78,097	87,422	9,325	400	441	41
普通	697,057	697,024	△ 33	14,260	14,531	271
合計	865,390	939,179	73,789	14,804	15,247	443

昭和36年10月ダイヤ改正 こだま形設定列車

列車番号・列車名		東京		大阪		宇野	記事
2009M	うずしお			7:00	→	9:50	
1M	第1こだま	7:00	→	13:30			
2001M	第1富士	8:00	→	14:30	→	17:20	
3M	第1つばめ	9:00	→	15:30			
5M	はと	13:00	→	19:30			
7M	第2こだま	14:30	→	21:00			
2003M	第2富士	15:30	→	22:00			神戸着 22:30
9M	第2つばめ	16:30	→	23:00			
2005M	おおとり	18:00	→	名古屋 22:15			
2006M	おおとり	12:00	←	名古屋 7:45			
2M	第1こだま	13:30	←	7:00			
2004M	第1富士	14:30	←	8:00			神戸発 7:30
4M	第1つばめ	15:30	←	9:00			
6M	はと	19:30	←	13:00			
8M	第2こだま	21:00	←	14:30			
2002M	第2富士	22:00	←	15:30	←	12:40	
10M	第2つばめ	23:00	←	16:30			
2010M	うずしお			22:00	←	19:10	

させるという、特殊かつ極めて異例の措置がとられた。36年10月ダイヤ改正にかける関係者の執念だった。

一方の東海道では「つばめ」「はと」電車化にともない廃止されたような格好となり、復活が望まれていた東京・大阪両駅を午後に発車する特急が新設され、愛称名には客車特急時代の伝統を受け継ぐように「はと」が返り咲いた。

このほか神戸始終着として新設された特急も「富士」と命名され、東京・大阪両駅とも「こだま」「富士」「つばめ」の順に発車するようになったが、運転区間・使命の異なる列車が同一愛称名「第1・第2富士」でくくられたのは、当時の優等列車としては異例であった。

このダイヤ改正では名古屋本位のビジネス特急が誕生し、愛称には仮想の鳥名「おおとり」が起用された。名古屋〜東京間には34（1959）年9月ダイヤ改正で全車指定準急「新東海」が運転を開始していたが、これは同区間に特急を設定できるか試験的意味を持って設定された列車であった。「新東海」は期待通りの利用率を示したことから、当初の目的通り特急に昇格して発展的解消を遂げたのである。

ところで東海道電車特急が大幅に増発されたが、これは昔日《せきじつ》の展望車に代わる

パーラーカーが東京~大阪間で8往復も運転されることを意味する。さすがに多すぎるのではと思えなくもないので、前ページ図のように2等車の比率が高い輸送力本位の列車を新設される「富士」などに充当する考えはなかったのだろうかと、疑問にさえ思えてくる。そんな疑問を須田《すだ》寛《ひろし》に尋ねたところ、

「四国連絡列車は1等車の需要が高かったので、四国連絡特急の計画にあたり、東海道と同じ編成が欲しいと四国支社は強く要望したのです」

と当時のいきさつを語った。編成を統一して運用効率を高めるのと二通りの編成を作って運用効率を犠牲にするのとどちらが良いかはいうまでもない。そして何より2等車の多い大衆的な編成は、東海道電車特急にふさわしくない時代だったのである。

電車特急のみならず、東京~大阪間を客車特急と同じ7時間30分までスピードアップされた昼行電車急行も「六甲」を筆頭とした6往復に増発され、さらに東京~大垣間の準急「東海」、名古屋~大阪間の準急「伊吹」「比叡」が脇を固めるという、いまや伝説と化した東海道本線黄金時代が到来した。

客車			優等列車の電車列車シェア
特急	急行準急	小計	
5,990	76,317	82,307（100）	1.1 %
9,822	77,330	87,152（106）	4.9
13,250	79,300	92,550（112）	8.1
13,250	80,543	93,793（114）	10.3
9,515	81,448	90,963（111）	14.9
10,781	103,232	114,013（139）	17.6
10,781	100,508	111,289（135）	18.1
11,055	99,593	110,648（134）	21.4

36年10月白紙ダイヤ改正では電車・ディーゼル動車による優等列車設定キロが下表のように機関車牽引列車のそれを上回ったことと併せ、国鉄が動力分散方式へシステム変革し鉄道近代化の礎《いしずえ》を築いた時刻改正となり、「日本の鉄道には電車列車などの動力分散方式が適している」という島秀雄《しまひでお》のコンセプトを実現したダイヤ改正となったのである。

昭和36年10月ダイヤ改正で東海道電車特急の列車本数が倍増した。それまで満員に近い盛況を示していたとはいえ、単純にいえば乗車率が60%程度まで落ち込んでも不思議ではない。一部に危ぶむ声もあったがフタを開けてみたらサービス改善は新たな需要を誘発し、翌37（1962）年4月の平均乗車率は94%にも達した。

東海道電車特急だけでなく、動力分散方式による優等列車は軒並み高い乗車率を誇った。「鉄道は便利な輸送機関だ。斜陽産業などではない、日本にとって不可欠な輸送機関だ」と人々は認識した。日本のベルエポックでもあった昭和30年代……鉄道

動力方式別優等列車設定キロの変遷

	電車			ディーゼル動車		
	特急	急行準急	小計	特急	急行準急	小計
32年4月	0	947	947 (100)	0	1,344	1,344 (100)
33年4月	0	4,588	4,588 (484)	0	1,863	1,863 (139)
34年4月	2,292	6,469	8,761 (925)	0	7,182	7,182 (534)
35年4月	2,292	11,080	13,372 (1412)	0	23,068	23,068 (1716)
36年4月	4,517	20,311	24,828 (2622)	1,502	49,136	50,638 (3768)
37年4月	11,651	33,164	44,815 (4732)	12,128	83,636	95,764 (7125)
38年4月	12,989	36,184	49,173 (5193)	12,060	99,176	111,236 (8276)
39年4月	12,989	51,297	64,286 (6788)	13,396	111,726	125,122 (9310)

注：カッコは昭和32年4月の設定キロを100としたときの指数

は斜陽産業などという風評を一掃し、黄金時代を迎えたのである。

＊

東海道電車特急の大増発にともない、特急電車運転士が必然的に所要となった。このころには機関士から電車運転士に転向するようになっていた。これからは電車の時代だ、もう電車屋が機関車屋よりも格下の時代でなくなっていたことが広く認知されたのである。岡山鉄道管理局運転部長に栄進していた齋藤《さいとう》雅男《まさお》は、そんな話を風の便りで聞いて感慨もひとしおだった。

看板列車に汚物処理装置を取り付けろ
——世界に先駆けた黄害対策

日本の旅客車に便所が設けられたのは明治22（１８８９）年までさかのぼる。尾籠《びろう》な話で恐縮だが、それ以来、排泄物はすべからく車外に垂れ流されていた。戦後にいたり黄害《おうがい》が徐々に社会問題となり始めていたことから、車両から汚物を排出しない方式の研究が進められ、汚物を消毒液と一緒に粉砕消毒して車外に排出する「粉砕式」と汚物を大きな貯留タンクに溜め車両基地などで排出する「タンク式」の汚物処理装置が昭和34（１９５９）年度に試作された。

２種類の汚物処理装置は東海形電車３両に取り付けて現車試験が実施され、その結果から粉砕式汚物処理装置の実用化の見通しが得られ、昭和36（１９６１）年6月に常磐線上野〜勝田間と山陽・鹿児島本線小郡《おごおり》（現在の新山口）〜久留米間で営業運転を開始した交直流両用電車に採用された。

一方、36年10月ダイヤ改正の増発用として、こだま形電車は56両増備されて総数１２８両の大所帯となったが、このときの増備車から粉砕式汚物処理装置が取り付けられた。日本を代表する特急電車が旧態依然として汚物を垂れ流しているのは好ましくなかったからである。

といっても当時の旅客機ですら汚物処理装置が取り付けられていたのは一部にとどまり、大半は空中にまき散らして「雲散霧消」していた時代、先進諸外国の鉄道車両にいたっては汚物処理装置が取り付けられるのは１９８０年代になってからのこと、国鉄は世界にさきがけて黄害対策にいち早く取り組んでいたのである。

「当時の一般家庭では水洗便所など普及していなかった時代でした。その習慣が抜けないのか、便所に異物が投げ込まれました、越中《えっちゅう》ふんどしが絡まって粉砕式汚物処理装置が故障したこともあったようです」

と、星は当時の現場の苦労を語った。

「私が旅客車の設計に携《たずさ》わり始めたころ、ある先輩から『便所の設計が一番難しいぞ』といわれたことがあったのですが、本当にその通りでしたね」

こだま形電車に取り付けられた粉砕式汚物処理装置は、前述のように異物混入による故障が多かった。一方、車両基地など大がかりな地上設備が必要なことから開発がいったん中止されていたタンク式汚物処理装置は、編成が共通、つまり便所の位置が決まっていた初期の東海道新幹線で実用化されたが、東京～新大阪間１往復で満タンになってしまうなどの問題が発生していた。

これらの実績から昭和40年代に、タンク内の貯留物を消毒・ろ過して洗浄水として使用する循環式汚物処理装置が実用化されたのである。

先進諸外国が絶賛したこだま形
——技術屋が本懐をとげた瞬間

前述の「はつかり」がディーゼル特急に置き替え後、孤塁《こるい》を守っていた客車特急「かもめ」も昭和36（１９６１）年10月ダイヤ改正でディーゼル特急に置き替わり、昼行の特急列車はすべて動力分散方式の列車で運転されるようになった。日本の鉄道の主役となった動力分散方式の旗頭《はたがしら》であるこだま形電車を海外のマスコミも放ってはおかなかった。

「原書の題名は忘れましたが、和訳すれば『世界の豪華列車』とでもいう各国の優等列車を紹介する米国の単行本に、パーラーカーをはじめとしたこだま形が紹介されたのです。外務部が提供したようなのですが、ＰＲ用に外国人モデルを起用して撮影したパーラーカーの室内写真も載っていましたね。そのころの米国の『ＴＩＭＥ』誌にも、こだま形の設備と運転時刻の正確さを絶賛した記事が載っていたことを、後で人から教えてもらいました」

星は当時の思い出を語った。戦前期（戦後間もないころ）まで日本の鉄道が世界に誇れる水準に達していたものは極めて少なかった。星は多くを語らないが、こだま形が当時の先進緒外国の優等列車と技術面・性能面・設備面で肩を並べる水準に達したことを海外が認めたのである。

全知全能を傾けて創り上げた成果物（＝製品）がユーザや第三者から高い評価をもらったとき、技術屋は至福の瞬間《とき》を味わうものである。動力分散方式の急激な進展など考えも及ばなかった時代に、先進諸外国に負けない特急車両というはるか遠い目標に向かって寝食を忘れて邁進し、「東京〜大阪日帰りの夢」を実現した星たち技術屋にとって、米国の雑誌やＴＩＭＥ誌の記事は、まさしく本懐《ほんかい》をとげた瞬間だった、と筆者には思えてならない。

「その米国の雑誌はシリーズものだったようで、１９８０年代後半の版には2階建て新幹線電車が紹介されました。もっともその室内写真として、外国人モデルの写ったパーラーカーの写真が載せられていましたが」

と、星は微苦笑しながら語った。

はと
タツノ
TATSUNO

「はと」の愛称は昭和36年10月ダイヤ改正で復活した。東京を13時に発車し、一路大阪に向かう(所蔵:福原俊一)

こだま形電車の躍進
——広島・新潟への進出

昭和37（1962）年6月には広島・新潟電化が完成の運びとなった。広島電化にともない東京～広島間にこだま形及び東海形を使用した電車特急1往復と急行2往復が運転されることになり、東海道電車特急は従来の下り「第1つばめ」と上り「第2こだま」の大阪～広島間を延長するなど、

	東京	大阪	広島
下り第1こだま	7：00→	13：30	
〃 第1つばめ	9：00→	15：30→	20：10
上り第2つばめ	21：00	←14：30	←9：45
〃 第2こだま	23：00	←16：30	

のように運転時刻が変更された。900㎞に及ぶ東京～広島間の電車運転に誰も異をはさむ時代ではなくなっていた。またこのダイヤ改正で併せて、大阪での1時間折り返し運転となる下り「第1こだま」と上り「第2こだま」の時刻を改正し、大幅な遅延がない限り「かえだま」を運転しないですむように改善されたのであった。

昭和36（1961）年10月ダイヤ改正で東北・信越各県の県庁所在駅と東京（上野）を結ぶ特急列車が運転されるようになったなかで、新潟だけが唯一とり残された格好になっていたが、翌37年6月の上野〜新潟間全線電化を機に、地元の強い要請もあってこだま形と同様な電車特急が運転されることになった。

新潟県佐渡島に生息する国際保護鳥にちなんで「とき」とネーミングされた電車特急には、151系を東海道と共通で使えれば車両運用上は望ましいが、途中の水上《みなかみ》〜湯檜曽《ゆびそ》間に20‰勾配が介在するため、性能面を確認する必要があった。

151系を上越線で試験運転したところ、モータ熱容量が限界を超えることが確認された。このため上越特急は高速性能を犠牲にする代わりに勾配区間を走行できるよう、151系よりもモータ

上越特急「とき」にデビューした161系（星晃）

のギヤ比を落とし、併せて豪雪地帯の運転を考慮して耐寒耐雪装備を強化するなどの設計変更を施した新形式車の161系が就役することになった。

国際保護鳥にちなんで「とき」と命名された列車は下図のようにパーラーカーのない庶民的で、なおかつ東海道電車特急と比べると少し短い9両編成（これは勾配区間の運転を考慮して編成中の電動車の比率を多くするためである）となった。

現在でこそ「とき」の名称は広く知られているが、161系当時は星をはじめ設計に携わったメンバーの誰も知らなかったように知名度が高くなかった。そこで先頭の列車名板に漢字で「朱鷺」と併記したと星は語ったが、「時の記念日」から運転を開始した「とき」は左記のように新潟本位の時刻に設定された。

		上野		新潟
下り	とき	16：50	→	21：30
上り	とき	13：10	←	8：30

日本の鉄道開業から数えて90周年の節目であった昭和37年、こだま形電車は新しい仲間が増えるとともに、広島そして新潟へと活躍の場が広がっていったのである。

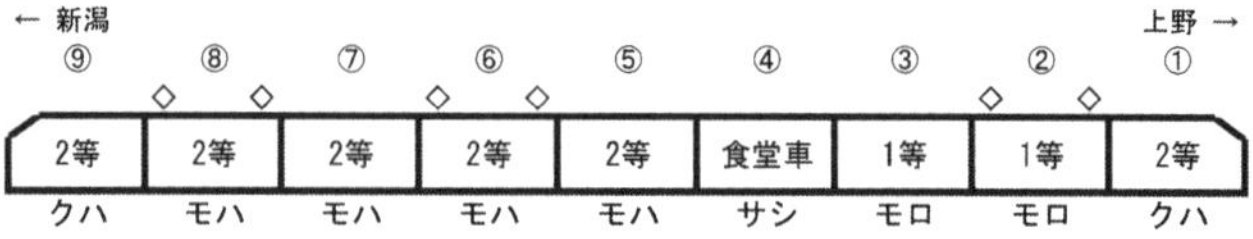

8章

新幹線へのバトンタッチ

中長距離電車列車の山岳線区への進出
——電車の「全国制覇」実現へ

　１０１系と改称されたモハ90形で確立した制御装置やモータ（専門的には主回路システムと称する）は、こだま形や東海形だけでなく交直流両用電車にも適用され、これら新性能電車の昭和37（１９６２）年度現在での総両数は２７００両を超えるにいたっていた。

　これは、モハ90形で採用された主回路システムがモータのギヤ比を変更するだけで、通勤形から特急形にいたるまで共通の主回路システムを使えるように考慮して設計され、その標準化思想が結実した成果であった。

　しかし昭和30年代中盤以降は動力近代化の推進を背景に、東海道のような平坦線区だけでなく、上信越・中央本線をはじめ勾配の大きい線区の電化が進められ、電車列車がこれら線区へ本格的に進出するようになった。

　こだま形や東海形の広島までの延長運転にあたっては、途中の瀬野《せの》～八本松《はちほんまつ》間に介在する連続22・５‰の連続勾配では電気機関車との協調運転する処置がとられたほか、東北・北陸線で運転を開始した急行形交直流電車では、一部の勾配区間を走行するために電動車比率を高くせざるを得ないケースが発生していた。

当時の電車製作費は編成中の電動車比率が小さいほど安価――たとえば同じパワーを持つ12両編成の電車列車を、全電動車で製作する場合と6両の電動車＋6両の付随車で製作する場合、後者は前者に比べて約12％安価――であった。

このような背景から電動車比率半々で25‰の連続勾配を運転可能な中長距離電車用の大出力モータが要望され、従来のモータ出力を20％アップした中長距離電車用モータが誕生した。

このパワーアップと併せて、勾配区間を定速運転できる機構を追加した主回路システムを持つ新形式中長距離電車が誕生した。

その第1陣となった東海形（153系）のパワーアップ版である165系急行形電車は、

広島まで延伸された「つばめ」の上り列車は、瀬野～八本松間は電気機関車との協調運転で登坂した。EF61形と併結して広島駅を発車する上り「第2つばめ」（機関車は八本松で走行解放）（星晃）

昭和38（１９６３）年から上信越急行を中心に投入された。東海道電車急行と同様１等車とビュフェを組み入れた堂々たる13両の長大編成で上越国境を走る姿は、碓氷《うすい》峠を越えていく信越急行とともに山岳線区を克服した電車列車を象徴していた。

１６５系急行形電車が実力を発揮し始めていた頃には、交直両用の特急電車が要望されるようになった。

ここで、交流電化について簡単に触れておきたい。明治年間まで起源がさかのぼる日本の電気鉄道は、電車・電気機関車に用いられる直流モータの電源として、架線から集電した高圧電気を直接使える直流が用いられていた。

一方、変電所などの地上設備投資が必要な直流電化に比べて地上設備投資が低く抑えられるメリットを持つ交流電化が、欧州諸国では昭和20年代に成功をおさめ、実用化の緒《しょ》についていた。国鉄も商用周波数による交流電化の研究開発に着手し、30（１９５５）年度から開始された仙山線（北仙台～作並《さくなみ》間）での試験では予想外ともいえる成果が得られた。

翌31（１９５６）年には「国鉄において今後電化を進めるにあたっては、おおむね交流電化の採用が有利である」の方針が打ち出され、東北本線（黒磯以北）や鹿児島本線などの九州島内をはじめとする幹線は交流電化で進められていた。

新たに電化された交流電化区間と、黒磯以南、山陽本線など既存の直流電化区間とを直通する電車列車が要望され、上野〜仙台間や大阪〜金沢間で４５１・４７１系急行形交直流電車が運転を開始していたが、高度経済成長を背景に電車特急の運転が待望されていたのである。

運転区間は上野〜盛岡間や大阪〜富山間などが候補に上げられるが、仙台以北などの「末端区間」では東海道本線と異なり輸送量が段落ちするため、特急形交直流電車の先頭部はディーゼル特急のように編成を切り離しできる貫通形状も考えられた。

しかしこだま形電車と同じデザインでなければ人々が承知しなかった。こだま形電車が「おらが町」に運転されることが鉄道近代化を意味し、ひいては地域の近代化を意味していたからである。

４８１系の形式が付与された交直両用の特急電車は、こだま形のデザインが受け継がれた。昭和39（１９６４）年に大阪・名古屋と富山を結ぶ「雷鳥」「しらさぎ」、翌40（１９６５）年には名古屋〜熊本間の「つばめ」や上野〜盛岡間の「やまびこ」などにデビューした、４８１系の誕生を契機に特急電車網は全国に拡大した。

東海道・山陽本線の中長距離列車の主役を手中に収めていた電車列車は、こだま形の運転開始からわずか5年で気候が厳しくかつ勾配も厳しい山岳線区を制覇するまで急速に成長した。

この頃から「電化イコール電車化イコール鉄道近代化」の図式が当然のものになり、電化開業の祝賀電車列車が地域を挙げて祝福されるなかを颯爽《さっそう》と走り去っていく……そんな光景が全国各地で見られるようになっていくのである。

逼迫する東海道本線の輸送力と新幹線計画
――遂に実現する「夢の超特急」

昭和36（１９６１）年10月白紙ダイヤ改正で東海道電車特急は大増発されたが、前述のように37（１９６２）年４月現在の平均乗車率は94％に達していた。36年10月ダイヤ改正で東海道本線は14％も輸送力を増強し、新幹線開業が予定された39年までの向こう３年間の輸送量を確保したと考えていた関係者を悩ませる結果となった。

急増する輸送需要に対処するため、38（１９６３）年４月ダイヤ改正では日光形電車に冷房装置を取り付けるなど特急車両らしい装いに改め、不定期特急「ひびき」１往復を定期列車化した。続く10月ダイヤ改正では、こだま形の編成に２等車を１両増結した12両編成に改めた。

裏を返せば、東海道本線の輸送力増強はこのような「小手先」の手段しか残されていなかったのである。これ以上東海道本線に列車を増発する余地はない、人々の誰もが認識した。

国鉄は東海道本線輸送力の逼迫《ひっぱく》を訴え「東海道新幹線を１日も早く」とＰＲした。動力分散方式による鉄道の利便性を知った人々は「こだま形や東海形でこれだけ早く便利になるのだから『夢の超特急』はさぞかし……」と考えたのは当然の帰結だった。こうして新幹線建設を支持する世論が醸成されるようになり、昭和39年開業を目指して新幹線建設の槌音《つちおと》は一層高まっていった。

ここで、東海道新幹線実現までの歴史を簡単に振り返っておこう。日本の大動脈である東海道本線に別線の高速鉄道を建設することは、鉄道マンにとって長年の悲願でもあった。現在の東海道新幹線にいたるまでの出発点には諸説あるが、別線の広軌《こうき》鉄道により高速運転する計画は実に明治40（1907）年までさかのぼる。

これは日本電気鉄道株式会社を設立し、東京〜大阪間（途中停車駅は松田、静岡、名古屋、亀山）に約460㎞の標準軌別線を建設し、第三軌条方式の高速電車列車により6時間で走行するというもので、当時財界の大物であった安田善次郎《やすだぜんじろう》が主唱した計画であった。しかし当時の鉄道国有法に抵触するとして政府に却下され、陽の目を見ることなく幻の計画で終わってしまった。

昭和初期に勃発した日中戦争を背景に輸送量が急増していた東海道・山陽本線は、輸送力増強（＝線増）が急務の課題となっていた。昭和13（1938）年12月の鉄道省企画委員会で東海道・山陽本線の線増計画として狭軌《きょうき》別線と広軌別線の2案が検討された。

両本線の線増と併せて朝鮮半島まで海底トンネルで結んでアジア大陸との一貫輸送ルートを

形成しようという気宇壮大《きうそうだい》な計画は、昭和14（１９３９）年に前田鉄道大臣の諮問《しもん》機関として設置された鉄道幹線調査委員会に引き継がれ、翌15（１９４０）年に東京～下関間を広軌別線で建設する計画が帝国議会で承認され、広軌別線の建設が開始された。

「弾丸列車」と呼ばれたこの計画は東京～静岡間及び名古屋～姫路間を電化し、機関車牽引《けんいん》の旅客列車は最高速度１５０㎞／ｈとし、将来の全線電化または特殊動力車を使用した特急列車は２００㎞／ｈを目標としていた。

　昭和16（１９４１）年には、曲線半径や車両・建造物などの制限寸法を定めた建設基準が制定された。

　地形測量は早くも14年頃から進められ、東京・下関の両ターミナルと鈴鹿山系を除くルート選定は完了し、このルートに沿って用地買収も進められた。

　一方、長期間の工期が予想される新丹那《しんたんな》・日本坂・新東山の各トンネルは16年に着工されたが、間もなく太平洋戦争が勃発、戦局の悪化にともない19（１９４４）年に建設工事は中断のやむなきにいたり、翌20（１９４５）年の終戦を迎えるのである。

　太平洋戦争の終結間もない昭和21（１９４６）年、弾丸列車の計画を引き継いで実現しようという動きがあった。仮称「日本鉄道株式会社」がそれである。

　東京～博多間１０６０㎞の広軌鉄道を建設し、直流３０００Ｖ方式の高速電車列車により東京～大阪間を約４時間で走行するというもので、東京急行電鉄社長の五島慶太《ごとうけいた》や元運輸大臣八田嘉《はったよし》明《あき》らが主唱した。

　しかしながら終戦直後の状況で膨大な資金を必要とする計画は時期尚早とみられ、さらにこの会社は株式の49％を外資に頼った計画であったことも大きなネックになった。

　東海道という重要な幹線を民間資本、しかも外資を導入して建設する計画が受け入れられるはずもなかったのである。前述の安田善次郎が主唱した日本電気鉄道株式会社の昭和版と見ることもできるが、それと同様に陽の目を見ることなく幻の計画で終わった。

＊

　ビジネス特急の構想検討が進められていた頃、幹線調査室（国鉄本社）と日本国有鉄道幹線調査

モデル線を横目に見ながら宇野に向けて快走する下り第1富士（星晃）

会（運輸省）が設置され、東海道の輸送力増強についての検討がスタートした。狭軌別線線増などの方式案から最高速度や総合輸送力などを考慮して、戦前期に構想された弾丸列車同様広軌（標準軌）別線線増とする方針が決定し、当時は「夢の超特急」と呼ばれた東海道新幹線の建設工事が昭和34（1959）年4月20日に開始された。

新幹線計画では、動力方式と列車方式が最初に比較検討された。動力方式は電気とし、高速運転時にパンタグラフから集電の容易な高圧の交流方式、電圧は国際標準規格の25000V・60Hzが採用された。

列車方式は当然ながら電車運転とし、こだま形をはじめとする近代化電車の技術を盛り込んだ交流電車が製作されることになった。東海道本線の輸送力が行き詰まる昭和38年度（39年春）開業を目指して地上設備の工事が進められる一方、半導体を応用したシリコン整流器など前述の交直流電車などで結実した新技術を盛り込んだ試作電車が37年度に誕生し、6月からモデル線で試運転が開始された。

こだま形電車の転用計画

——山陽・九州特急への転身

新幹線開業後に、こだま形電車は東海道本線から転用されることになる。モデル線での試運転が本格化する頃から転用計画の検討が開始された。転用線区は新幹線開業と同時に全線直流電化される山陽本線の大阪（新大阪）～下関間が主体となるが、鹿児島本線・博多への乗り入れが要請された。

鹿児島本線は交流電化のため、こだま形電車は自力走行できないので交直流電車化改造など種々の案が検討された結果、鹿児島本線熊本電化が完成する昭和40（１９６５）年10月に４８１系特急形交直流電車を投入するまで、つまり新幹線が開業する昭和39（１９６４）年10月から40年10月までの１年間だけ、１５１系を交流電化区間の博多まで電源車方式（交流電化区間は電気機関車が牽引し、１５１系で必要になる電源は電源車から供給する方式）で運転することになった。

東海道での活躍も終焉に近くなった昭和39年から１５１系は、交流電化区間でパンタグラフが上昇しないようにする二重の鎖錠《さじょう》装置や電源車と連結するための機器を先頭車に取り付ける九州乗り入れ改造工事が並行して進められた。この改造工事で１編成が工場に入場する、つまり戦列を離れるため、１５１系は予備編成のないギリギリの状態で運用されていた。

そんななか、39年4月24日に草薙《くさなぎ》～静岡間で下り「第1富士」が踏切事故に遭遇し、先頭のパーラーカー以下7両が脱線、先頭のパーラーカーは大破してしまった。この事故で151系は1編成が戦列を離脱してしまったため、事故直後の4月25日から5月6日までは東海形による「かえだま」が、5月7日から31日までは不定期特急「第2ひびき」を運休して捻出した日光形で代用した「こだま」が運転された。

パーラーカーを除く事故車が戦列に復帰した6月からは「とき」用の161系先頭車がパーラーカーの代用として運転され、先頭車を供出した「とき」は片方の先頭車を日光形で、つまり161系＋日光形の変則編成で運転された。

大破したパーラーカーの復旧には数か月必要で7月以降の多客期には間に合わないことが分

開業を目前に控えた新幹線試運転列車と離合する下り「第2こだま」（所蔵：福原俊一／撮影：三谷烈弌）

かった。関係者で検討の結果、1両だけ残っていた1等車（サロ）の予備車を先頭車へ改造する工事なら、6月中に完了可能なことが分かった。仮にその改造工事を行うと新幹線開業後にこの改造車を2等車に、つまり「クハ」に再度改造しなければならないが、電車特急運休による減収や体面などを勘案して1等車を先頭車に改造し、新幹線が開業する9月30日まで使用することになった。

「この改造工事は7月1日の営業運転に間に合わせなければなりませんでしたので、浜松工場では文字通り突貫工事で行われました」

とは、当時の事情を知る星の思い出である。一方、大破したパーラーカーは復旧されることなく廃車され「新性能電車の廃車第1号」となった。

パーラーカーのクロ１５１形と区別するため、クロ１５０形なる形式が付与された1等車の先頭車化改造車は、7月から戦列に加わった。この間の6月16日には新潟地震が発生し、「とき」が26日まで運休となるなどのハプニングが重なったが、多くの混乱を招いた静岡事故の後遺症もクロ１５０形の登場でようやくピリオドが打たれた。

東海道電車特急の1号車は、クロ１５０形とパーラーカーが混在することになったため、指定席特急券は1週間前発売とする措置がとられ、当時の時刻表には「日により1号車は展望車のない1等車の場合もあります」と注意書きが追記されたのである。

東海道電車特急営業運転の終焉

――それぞれの昭和39年9月30日

昭和39（1964）年7月25日から東海道新幹線は全線を通した試運転が、さらに8月25日からは超特急ダイヤである4時間での試運転が開始され、弾丸列車構想からさかのぼれば30年にわたる星霜《せいそう》を経て「夢の超特急」が現実のものに近づいていた。

こうして迎えた昭和39年9月30日、東海道本線での運転は最後となる下り「第2こだま」の前に2人の男が立っていた。こだま形電車開発の立役者の島秀雄《しまひでお》と星晃《ほしあきら》だった。

「島さんは前年に国鉄を退職されていたのですが、お声をかけて最終日に東京駅でお会いして、下り『第2こだま』の前で記念写真を撮りました。ただ『こだま』の名板が紛失したのか、張り紙の文字だったのが残念でした」

と星は語ったが、そんな2人の万感の思いを乗せて、下り「第2こだま」は定刻の14：30に東京駅を発車していった。

最後の東海道電車特急となる下り「おおとり」が田町電車区を出庫するときがきた。国民注目の的《まと》だった特急電車を一目見ようと田町電車区には見学者が数多く訪れていた。

「見学者の層も、大学生から小学生、鉄道ファン、教育関係者、地方町内会有志の老若男女等々幅広く、見学者引率もたびたび行われました。なかでも年少者ほど特急電車への憧れは大きいものがありました」

と田町電車区で見学者に対応していた沢田守は述懐している。車両基地の見学が自由にできていた時代のこと、田町電車区は本来の業務の合間を縫って、見学者やマスコミの取材対応に追われていたのである。

このように誕生以来苦楽をともにした区員たちは「特急電車を送る会」を催した。出庫する最後の編成をねぎらうように、串田《くしだ》正平《しょうへい》区長以下幹部職員が「御神酒《おみき》」を注いだ。営業運転初日の「こだま」に乗務し、運転助役に栄進していた岡山《おかやま》保《たもつ》もその1人だった。

「車体をなでながら『ご苦労さん』の言葉をかけながら、御神酒をかけてやりましたね」

島秀雄（写真右）と星晃（同左）（所蔵：福原俊一／提供：星晃）

岡山は昨日のことのように語った。そして17時32分、最後の東海道電車特急として出庫する「おおとり」の後ろ姿を、手塩にかけて育てた愛娘を嫁がせる日の父親のような眼差《まなざ》しで全員が見送った。

東京駅では、別れを惜しむ関係者や鉄道愛好家が最後の「おおとり」を見送った。星晃もその1人だった。下り「おおとり」に充当された編成は翌日の上り「おおとり」で東京に到着後、下り「はと」として大阪へ

折り返す車両運用が組まれている。夕闇のなか明るく照らし出された「おおとり」の列車名板は「明日の12：00には東京に戻ってくるさ」と語っているかのようであった。

しかしこの日の下り「おおとり」編成は名古屋に到着後、151系の新たなネグラとなる京都の向日町《むこうまち》運転所まで回送され、翌日の10月1日からは山陽特急に充当される「運命」だった。

18：00定刻に発車した「おおとり」のテールライトがビルの谷間に消え去るまで、星は感慨深く見つめ続けていた。

こだま形の東海道本線での活躍はわずか6年だったが、至高の輝きを放った6年間であった。人々に夢と希望を与え、国鉄の近代化とイメージアップに貢献した大功労車は、翌日から営業

昭和39年9月30日、最後の東海道電車特急「おおとり」を見送る田町電車区員（所蔵：福原俊一／撮影：吉川文夫）

を開始する新幹線に東海道の主役の座を譲り、山陽・九州地区という第２の人生へ転進したのであった。

＊

昭和39年10月１日に「こだま」の愛称名は新幹線へ転身し、１５１系の大半は向日町運転所に転出したが、上越特急「とき」増発に転用する予定の一部編成は田町電車区に残存した。

新幹線開業から９日後の10月10日、東京オリンピック開会式を迎えた。

オリンピック輸送として田町電車区に残存した編成を使って、東京〜熱海間を結ぶ臨時急行「オリンピア」が10月３日から閉会式翌日の25日まで運転された。

こだま形にとっては、この列車が東海道で最後のつとめとなった。

新幹線開業後の昭和39年10月に開催された東京オリンピック対応輸送として、東京地区に残存した151系が急行「オリンピア」として運転された（福井紘一）

9章

その後のこだま形電車

151・161系のパワーアップ
——中央・信越特急への進出

昭和39（１９６４）年10月1日、日本の鉄道史上忘れられない日の1つに数えられ、東京～新大阪間が4時間に短縮されたこの日から、１５１系は「つばめ」「はと」の愛称とともに山陽・九州特急に転進した。

東海道新幹線と接続する新大阪が始終着となった「つばめ」「はと」は、直流電化区間と交流電化区間の切替点となる下関～門司間を同区間専用の交直流機関車、門司～博多間を交流機関車に牽引《けんいん》された。

上り列車は瀬野《せの》～八本松《はちほんまつ》間で機関車と協調運転するため、都合3形式の機関車のお世話になって運転された。下関以西の電源車を連結した編成は見栄えも芳《かんば》しいとはいえず、機関車の連結開放による停車時分増加などもあって、大阪～博多間の運転時分はディーゼル特急に比べてスピードダウンしてしまった。前日まで「新時代の……」や「国鉄ご自慢の……」なる接頭語がついて紹介され、国鉄のエースとして活躍を続けていた１５１系が初めて体験する屈辱《くつじょく》だったかもしれない。

この「つばめ」「はと」も昭和40（１９６５）年10月ダイヤ改正で４８１系交直流電車へ置き

替わり、瀬野～八本松間、下関～門司・博多間も自力走行できるようになり、軌道強化ともあいまってスピードアップされ、電車特急の面目を果たした。

１５１系の九州乗り入れは当初の計画通り１年間で終了し、このときのダイヤ改正で新たに増発された新大阪～下関間「しおじ」などの山陽特急、つまり本来の直流電化区間の運転に専念することになった。

モータをパワーアップした４８１系は、１５１系と異なり山陽本線瀬野～八本松間を自力で登坂《とうはん》していた。同区間での電気機関車との協調運転廃止と山陽・上越特急をスピードアップするため、１５１・１６１系についてもパワーアップと勾配区間を定速運転できる機構の追加、つまり４８１系

下関以西は交流電気機関車に牽引された151系「はと」（星晃）

と同じ性能に改造されることになり、これにともない１５１系と１６１系は１８１系に形式が改められた。

　１８１系への改造はモータや制御装置をはじめとする電気機器を取り替える大工事となる。予備車をやりくりしながら工場に１か月近く入場させなければならないため、１５１系と１６１系の総勢１６５両を１８１系に改造する工事は約2年がかりで行われ、昭和41（１９６６）年10月ダイヤ改正で瀬野～八本松間の協調運転が廃止されたのである。

　４８１系交直流電車の誕生により北陸・東北本線に運転区間が拡大した電車特急はデラックスな設備と高速性が人気を博していずれも高い乗車率を示し、１６５系による電車急行が運転されていた信越・中央東線にも電車特急運転が要望されるようになった。

　信越本線最大のネックである横川～軽井沢間、中央東線大月～初鹿野《はじかの》（現在の甲斐大和）間複線化などの輸送力増強と信越本線の直江津電化完成にともない実施された41年10月ダイヤ改正（ただし中央東線は地上設備改良完成時期の関係から運転開始は12月12日）で両線区に電車特急がそれぞれ2往復運転されることになった。

　両線区とも直流電化区間のため１８１系が投入されることになったが、従来の陣容では不足するため、所要となる45両が１８１系として新たに製作された。

　中央特急は上越特急と共通の10両編成としたが、信越特急は碓氷《うすい》峠を越えるため67‰の急勾配が介在する横川~軽井沢間は同区間専用の電気機関車に牽引してもらわなければならず、編成長の制限を受けることから食堂車のない８両編成となった。

特急列車には食堂車を組み込む原則が貫《つらぬ》かれていた当時としては異例の措置で、日光形を使用した東海道電車特急「ひびき」を例外と考えれば、この編成は史上初の「食堂車の連結されない特急列車」となったのである。

中央・信越特急の列車愛称名は「こだま」同様公募され、約８万通の応募のなかから中央特急は１９３５通でトップを占めた「あずさ」が、信越特急は２９８１通でトップを占めた「あさま」がそれぞれ選ばれた。

従来の特急列車の愛称名は「日本を代表する山や花、抽象的な名称、早くてスマートな鳥の名」とする大筋が定められていたが、特急列車網の拡大にともないストックが底をつきはじめていたことから「あずさ」「あさま」というローカルな川と山にちなんだ、それまでの感覚では急行列車の領域だった愛称がネーミングされた。

運転距離が３００㎞に満たない、当時としては比較的短距離の特急だった「あずさ」「あさま」は国鉄を代表する、つまり国内輸送機関を代表する特急列車が大衆化していく潮流を象徴する列車でもあった。

「あずさ」の運転開始にともない、東日本地区で使用される１８１系の「面構《つらがま》え」が変わった。

40年10月ダイヤ改正で新設された新大阪～広島間の「しおかぜ」。瀬野～八本松間での協調運転を考慮して連結器カバーは外されている（寺本光照）

中央特急「あずさ」に使用される181系は、運転台上部の前灯などがないシンプルな顔になった（寺本光照）

中央東線には小仏《こぼとけ》・笹子《ささご》トンネルなど断面の小さいトンネルが介在するため、使用される電車は最大高さやパンタグラフ折り畳み高さが他線区よりも低く抑えられている。１８１系先頭車の運転台上部に取り付けられた前灯がこの制限に抵触《ていしょく》することから撤去されることになり、田町電車区に配置され「あずさ」と共通で運用される「あさま」「とき」の先頭車も併せて運転台上部前灯が撤去されたのである。

　このときに増備された3両の食堂車には、登山客の多い中央東線での使用を配慮して勘定台前部に山の道標をあしらった仕切が、反対側の壁にはアルプス連峰をあしらった――「穂高・槍・白馬」と1両ごとに異なった――手作りの木製レリーフが取り付けられたほか、２枚の窓ガラスの間に「ベネシャンブラインド」と呼ばれる日除けを内蔵させたユニット窓が採用された。

「当時は寝台・座席両用特急形電車の構想を進めていたのですが、遮光《しゃこう》性をはじめ構造検討の試金石として、このときの食堂車で採用したのです」

と、星は採用のいきさつを語った。このベネシャンブラインドは昭和42（１９６７）年に登場する５８１系寝台電車で本格的に採用され、ベネシャンブラインドの設計を担当した近畿車輛は後に「コンビット窓」の名称で商品化に成功したのである。

最高速度120㎞／h運転を実現した「よんさんとう」ダイヤ改正

——ベルエポックの集大成

昭和30年代当時は経済成長を背景に増加する輸送量に輸送力が追いつかない状況で、幹線輸送はもちろんのこと大都市圏通勤輸送力は限界に達していた。さらに37（１９６２）年の三河島事故や38（１９６３）年の鶴見事故は大都市圏周辺の稠密《ちゅうみつ》なダイヤ、いわゆる過密ダイヤを余儀なくされている線区の問題点を露呈した格好となった。

このような背景から昭和40（１９６５）年度を初年度として、

①幹線輸送力の増強
②大都市圏通勤輸送力の増強
③ＡＴＳ全線設置など保安対策の強化
④電車化やスピードアップなどサービス面の質的改善

を柱とした第３次長期計画がスタートし、同計画前半の締めくくりとして昭和43（１９６８）年度に白紙ダイヤ改正が実施されることになった。ダイヤ改正が実施される年月を音読みして「よんさんとう」と呼ばれたこのときのダイヤ改正は、次ページ表のように36（１９６１）年10月大時刻改正に匹敵する規模で優等列車が増発された。

昭和43年10月ダイヤ改正 増発列車キロ及び列車本数

列車種別		列車キロ			列車本数		
		現行	改正	増減	現行	改正	増減
新幹線		63,779	78,519	14,740	138	170	32
在来線	特急	60,631	88,382	27,751	110	168	58
	急行	297,307	311,186	13,879	1,158	1,251	93
	普通	759,106	760,849	1,743	16,027	16,064	37
合計		1,180,823	1,238,936	58,113	17,433	17,653	220

昭和43年10月ダイヤ改正 181系設定列車一覧

地区・列車名					記事
山陽	しおじ2号	15:28	→	22:48	大阪発(15:35)
		新大阪		下関	
	しおじ2号	14:42	←	7:25	大阪着(14:35)
	しおじ1号	10:28	→	14:50	大阪発(10:35)
	しおじ3号	17:28	→	21:50	大阪発(17:35)
		新大阪		広島	
	しおじ1号	12:42	←	8:15	大阪着(12:35)
	しおじ3号	20:45	←	16:15	大阪着(20:37)
	うずしお1号	(8:50)	→	11:34	大阪始発
	うずしお2号	13:35	→	16:29	大阪発(13:42)
	うずしお3号	17:35	→	20:22	大阪発(17:42)
		新大阪		宇野	
	うずしお1号	11:32	←	8:40	大阪着(11:25)
	うずしお2号	15:22	←	12:29	大阪着(15:15)
	うずしお3号	21:32	←	18:35	大阪着(21:25)
上越	とき1号	8:05	→	12:05	
	とき2号	10:00	→	14:00	季節列車
	とき3号	13:05	→	17:05	
	とき4号	15:05	→	19:05	季節列車
	とき5号	(18:07)	→	22:02	東京始発(18:00)
		上野		新潟	
	とき1号	(12:00)	←	8:00	東京終着(12:07)
	とき2号	14:05	←	10:00	季節列車
	とき3号	17:05	←	13:00	
	とき4号	19:05	←	15:00	季節列車
	とき5号	22:05	←	18:00	
中央	あずさ1号	8:00	→	11:42	
	あずさ2号	13:00	→	16:42	季節列車
	あずさ3号	17:00	→	20:47	
		新宿		松本	
	あずさ1号	11:45	←	8:00	
	あずさ2号	16:17	←	12:35	季節列車
	あずさ3号	18:45	←	15:05	
信越	あさま1号	8:40	→	11:45	
	あさま2号	13:30	→	16:35	
		上野		長野	
	あさま2号	15:50	←	12:40	
	あさま3号	21:18	←	18:05	
	あさま3号	(16:47)	→	21:05	東京始発(16:40)
		上野		直江津	
	あさま1号	(11:54)	←	7:30	東京終着(12:01)

電車特急の最高速度はこだま形の運転開始以来110㎞/hのままであったが、「よんさんとう」改正から120㎞/hに向上され、181系を使用した特急「とき」の上野〜新潟間は4時間の壁を破って3時間55分運転（最速列車）を実現するなど、各線区の電車特急は大幅にスピードアップされた。

「よんさんとう」改正では東北・山陽特急に寝台・座席両用の583系寝台電車がお目見えしたほか、極寒の北海道にも電車運転が開始された。従来から積み重ねられた技術開発の成果が、120㎞/h運転やこれらの新形式車に結実したもので、電車特急10周年を飾るにふさわしい国鉄のベルエポックを集大成するダイヤ改正となったのである。

特急列車の大衆化
——181系最終増備車とビュフェ・パーラーカーの消滅

「あさま」「あずさ」は高度経済成長による国民生活水準の向上を背景に好評裏に運転され、とりわけ「あさま」は東京から軽井沢への避暑客で満員の盛況を呈していた。

従来の特急列車は長距離都市間輸送が主な使命であったが、昭和43（1968）年夏期には東京〜中軽井沢間という運転距離が200㎞に満たない近距離特急「そよかぜ」が運転を開始した。折からの高度経済成長を背景に「そよかぜ」も良好な乗車率を示し、東京からの近距離レジャー輸送に電車特急が運転される契機となった。

昭和43年度冬期には上越方面へのスキー列車「新雪」（東京〜石打間）が、44（１９６９）年度秋期には那須方面への行楽列車「くろいそ」（上野〜黒磯間）の運転が開始され、これらの列車に使用するため昭和44年に１８１系が1編成増備され、総勢２２１両を数えるまでに成長した。

＊

山陽特急に転身した１５１系（１８１系）は東海道時代そのままにパーラーカーとビュフェが連結されていたが、パーラーカーの乗車率はいまひとつであった。特別座席料金の値下げといった施策が講じられたが、利用率の向上には結びつかず、いわゆる空気輸送が続いていた。一方の2等車は高い乗車率を示していたことから、開放室部分が2等車に改造されたのに続き、昭和48（１９７３）年度までに全車両が普通車に改造され、パーラーカーの象徴だった大窓が姿を消した。ビュフェも営業要員や利用率などの事情から昭和45年10月ダイヤ改正で営業が廃止されたのを機に一般の普通車と同じ座席車に改造された。

一般庶民にとっては「一番上等な服を着て乗車する存在」だった特急列車が様変わりして大衆化する時代を迎え、それと歩調を合わせるように東海道電車特急時代の象徴であったパーラーカーとビュフェが消滅したのである。

「パーラーカーは1両くらい保存しておいてほしかったと個人的には思いますが、当時の特急普通車の輸送需要を考えればそのような余裕はなかったでしょうから、一般車への改造はやむを得なかったですね。やはりパーラーカーは東海道が一番似合っていたのかもしれません」

と星は当時の思い出を語った。

陰りの出始めた181系
――山陽特急からの撤退そしてよんぱち豪雪

昭和39（1964）年10月に開業した新幹線は輸送力増強とスピードアップに著《いちじる》しい効果を示すなど大成功をおさめ、斜陽産業とまでいわれていた日本（のみならず世界）の鉄道を蘇らせる起爆剤となった。

昭和47（1972）年3月には四国・山陰地区へのジャンクションである岡山まで開業する運びとなり、新幹線岡山開業と併せて全国主要都市間及び観光地を結ぶ特急列車網の整備を主眼とした白紙ダイヤ改正が実施された。

当時は国鉄の財政事情が悪化しつつあったこともあり、増収施策として急行列車の特急格上げが本格化し、昭和47年3月ダイヤ改正は急行列車の列車キロ・本数が減少した最初の白紙ダイヤ改正でもあった。

新幹線が開業した影響を受けて岡山始終着が主力に、つまり直流電化下での運転区間が短くなった山陽特急は、481系（485系）交直流電車が主力になった。九州直通特急と共通で使ったほうが効率良く運用できるためだった。

活躍の場が狭められた181系は上越・中央・信越特急増発に順次転用されていき、昭和48（1973）年5月を最後に山陽特急から撤退し、36（1961）年10月

昭和48年10月ダイヤ改正 181系設定列車一覧

地区・列車名			記事
上越	とき1号	6:38 → 10:37	
	とき2号	7:38 → 11:33	
	とき3号	8:38 → 12:30	
	とき4号	9:38 → 13:30	
	とき5号	10:38 → 14:35	
	とき6号	11:38 → 15:30	
	とき7号	12:38 → 16:31	
	とき8号	13:38 → 17:32	
	とき9号	14:38 → 18:31	
	とき10号	15:38 → 19:35	
	とき11号	16:38 → 20:33	
	とき12号	18:08 → 22:03	
	とき13号	19:38 → 23:33	
		上野　新潟	
	とき1号	10:48 ← 6:50	
	とき2号	11:48 ← 7:50	
	とき3号	12:48 ← 8:50	
	とき4号	13:48 ← 9:50	
	とき5号	14:48 ← 10:50	
	とき6号	15:48 ← 11:50	
	とき7号	16:48 ← 12:50	
	とき8号	17:48 ← 13:50	
	とき9号	18:51 ← 14:50	
	とき10号	19:48 ← 15:50	
	とき11号	20:49 ← 16:50	
	とき12号	21:48 ← 17:50	
	とき13号	22:48 ← 18:50	

地区・列車名			記事
中央	あずさ1号	6:40 → 10:23	季節列車
	あずさ3号	9:00 → 12:45	
	あずさ6号	14:00 → 17:39	
	あずさ7号	15:00 → 18:39	
	あずさ8号	18:00 → 21:44	
		新宿　松本	
	あずさ3号	13:30 ← 10:00	
	あずさ4号	14:33 ← 11:00	
	あずさ5号	17:11 ← 13:40	
	あずさ9号	21:45 ← 18:16	
	あずさ10号	22:51 ← 19:22	季節列車
信越	あさま1号	8:34 → 11:33	
	あさま2号	10:34 → 13:33	
	あさま3号	13:34 → 16:33	
	あさま6号	19:34 → 22:35	
		上野　長野	
	あさま1号	9:50 ← 6:43	
	あさま4号	15:52 ← 12:47	
	あさま5号	18:54 ← 15:47	
	あさま6号	21:52 ← 18:47	
	あさま4号	16:34 → 20:50	
		上野　直江津	
	あさま2号	11:52 ← 7:30	
	そよかぜ1号	6:34 → 8:37	季節列車
	そよかぜ2号	12:34 → 14:36	季節列車
		上野　中軽井沢	
	そよかぜ1号	12:52 ← 10:45	季節列車
	そよかぜ2号	20:56 ← 18:45	季節列車

以来12年の歴史を刻んだ山陽路での活躍に終止符が打たれた。

＊

１８１系を使用した「とき」は高い乗車率を誇り、名実ともに上越線のエースとして活躍を続けていたが、昭和48年には動揺が激しく乗り心地の悪化が指摘されるようになっていた。そのような状況で迎えた48年度の冬期に上越沿線は、後に関係者の間で「よんぱち豪雪」と称されるすさまじい豪雪に見舞われ、１８１系は12月13日に下り「とき６号」の電気機器が雪でショートしたため43分遅れたのを皮切りに、雪害による車両故障が続発した。

故障内容は雪の浸入による絶縁低下や雪塊《せっかい》による床下機器破損などで、「とき」の運休本数は１月だけでも延べ16本に及んだ。雪害故障を修繕するための予備部品も底をついたことから車両運用が苦しくなり、１月29日からは１往復運休に踏み切らざるを得ない状況まで追い込まれた。

２月以降も続いた大雪で車両故障と運休本数は増え続け、マスコミは「老朽『とき』一部運休へ」「『とき』またダウン」「『とき』特効薬なし」等々センセーショナルな見出しで報じ、口さがないマスコミは川端康成の名作をもじって「国境の長いトンネルを抜けると車両故障だった」と評した。

このような背景から昭和49（１９７４）年度冬期に間に合わせるべく上越特急に１８３系と

呼ばれる新形式の特急形電車38両の投入が決定し、さらに技師長を責任者とする『とき』対策プロジェクトチーム」を発足させ、雪害故障の実態調査に取り組むことになった。

３月にはさしもの冬将軍も峠を越え、全国の工場から予備部品をかき集めるなど関係者の努力が実って故障車も徐々に戦列に復帰するようになり、４月１日にようやく本来の13往復運転が再開した。

昭和49年度冬期に備えて１８１系には、床下機器箱強化などプロジェクトチームの成果を反映させた雪害対策工事や、従来問題となっていた動揺を改善するため台車構造改善などが施された。

さらに１８１系の雪害による車両故障を教訓に活かした１８３系特急形電車が戦列に加わって迎えた49年度冬期は降雪量が例年よりも少なかったこともあって、故障件数は「よんぱち豪雪」時の半数以下に減少したのであった。

181系の終焉
——上越新幹線開業までのラストラン

昭和48（１９７３）年度冬期における「とき」の延べ運休本数は約３３０本（ストによる運休

を除く）に及び、車両故障は前述のようにマスコミを賑わせただけでなく、参議院運輸委員会で取り上げられるなど社会問題となっていた。

さらに「あずさ」「あさま」も車両故障件数が急激に増加していたため、国鉄部内で１８１系の故障発生状況を分析した結果、走行キロが３５０万〜４００万キロ——この走行キロは大正年間に製作されて半世紀走り続けた「古豪」と呼ばれるＳＬを約１００万キロ上回っている——に達する33（１９５８）〜36（１９６１）年度に製作された車両、つまりこだま形の初期の車両に故障が多く発生していることが確かめられた。

「マル生」と呼ばれた生産性運動の後遺症で昭和40年代後半から労使関係が複雑化し、労働争議が多発していた状況のなか、１８１系は「組合対策」としてスケープゴートにされたとの思いを筆者は捨てることができない。

しかし初期の１８１系は構体の腐食が著しく、電気部品や配管の劣化も進んでいたことは事実であり、国鉄部内で調査の結果、修繕するよりも新車に取り替えたほうが経済的であると判定され、１８１系を新車に取り替える方針が決定されたのである。

昭和50（１９７５）年3月10日、山陽新幹線が博多まで開業し、こだま形が活躍した「つばめ」「はと」の愛称名が国鉄線から消滅した。9か月後の12月には北海道に残っていた最後の蒸気機関車牽引列車がディーゼル機関車に置き替わった。晩年はＳＬの愛称で社会現象になるなど多くの人々に親しまれ、鉄道の発展に尽くした偉大な功労車が引退し、動力近代化の完了を告げた区切りの年ともなった。

その昭和50年から１８１系は廃車が始まり、「あさま」は６月、「あずさ」は12月に、それぞれ新形式の１８９系特急形電車に置き替えられて撤退し、残された「とき」も10月ダイヤ改正で13往復中７往復が１８３系特急形電車に置き替わり、１８１系の使用列車は６往復に減少した。

昭和53（１９７８）年10月ダイヤ改正で「とき」は14往復に増発され（このダイヤ改正から列車名の号数は下り列車を奇数、上り列車を偶数で表わすようになったため）「とき28号」まで運転されることになったが、１８１系使用列車は僅か３往復にまで減少し、余命幾ばくも

終焉近い181系「とき」（福原俊一）

ないことを物語るように食堂車の連結も廃止されてしまった。

　さらに当時は東北・高崎線では線路の傷みがひどくなっていたことから、このダイヤ改正で両線区を走行する電車特急のスピードダウンが実施され、上野～新潟間の所要時間は４時間11～15分に延伸してしまった。

　また編成中の発電機（ＭＧ）に余裕を持たせるため、将来的には４８５系交直流電車への転用を考慮したＭＧ付きグリーン車（サロ）が組み入れられ、その一方で１５１系として製作されたグループはほとんどが廃車となってしまった。

　残された64両の１８１系は上越新幹線建設工事が進むなか、「よんぱち豪雪」で車両故障が多発したことなどなかったかのように上越路でラストランを見せた。

＊

　上越新幹線は昭和57（１９８２）年11月15日に大宮暫定開業の運びとなり、同日に全国的なダイヤ改正が実施されることとなった。上越新幹線開業前日の11月14日、下り「とき23号」の新潟駅

昭和53年10月ダイヤ改正 181系設定列車一覧

地区・列車名					記事
上越	とき19号	14:49	→	19:00	
	とき21号	15:49	→	20:00	
	とき23号	16:49	→	21:00	
		上野		**新潟**	
	とき10号	14:03	←	9:48	
	とき12号	15:03	←	10:48	
	とき14号	16:03	←	11:48	

到着を最後に、昭和33（１９５８）年11月１日から通算して24年に及んだこだま形電車の営業運転がついに終焉《しゅうえん》を迎えたのである。

昭和50年代も国鉄財政は赤字が増え続け、56（１９８１）年度に発足した第２次臨時行政調査委員会で国鉄再建が論議されるようになり、労使関係も昭和57年３月に名古屋駅構内で発生した乗務員の飲酒が原因による寝台特急衝突事故を契機にマスコミから「職場規律の荒廃」と批判され、ようやく正常化に向かい始めた。

こうして長かった「冬の時代」に終止符が打たれて昭和40年代終盤から停滞していた技術開発が再開され、併せてスピードアップや列車運転間隔の短縮をはじめとするサービス改善が推進されるようになった。

営業運転から外れた１８１系は、53年10月に増備されたグリーン車は当初計画通り４８５系に転用改造されたが、１８１系生え抜きの車両は廃車となった。ただし、当時の厳しい財政事情のもと設備投資を抑制するため、一部の車両は東海道東京口普通電車のグリーン車や特急形交直流電車に転活用され「第２の人生」へ転身した。

昭和60（１９８５）年７月、国鉄再建監理委員会は「昭和62（１９８７）年４月に分割民営化」を政府に答申した。明治５（１８７２）年の開びゃく以来１１５年の歴史に幕を閉じ、国鉄は民間会社として発足することになった。

「第2の人生」に転身していた181系改造車は62年4月に発足したJR東日本とJR九州に承継されたが、平成4（1992）年7月に博多～西鹿児島間の電車特急として復活した787系「つばめ」を見届けるようにして平成5（1993）年度に廃車となり、その歴史に幕が下ろされたのである。

附・「ビジネス特急想い出の記」

「ビジネス特急想い出の記」について

新幹線開業とともに東海道を去り、向日町運転所に転出するこだま形との別れを惜しんで、苦楽を共にした田町電車区員が執筆・作成した小冊子です。オリジナル版は約90ページのB5判サイズ（もちろん藁半紙）のガリ版印刷ですが、原文に極力忠実に再現しました。原本のなかには3色刷りのページやイラストもあり、当時の田町電車区のガリ版印刷技術が高かったことがしのばれますが、これらの多くを割愛したことはご容赦ください。また文中には当時の現場用語が頻繁に登場しますが、これらは前記の趣旨から（明らかな誤字・脱字以外は）原文のままとしています。

筆者

表紙

巻頭言

田町電車区長

「こだま」を第1号として華々しく登場した特急電車も9月30日の「おおとり」を最後に東京を去った。思えば丸6ヶ年の長きにわたり本当によく働いてくれた。日本産業経済の発展にどれほど貢献したか全く計り知れない。

しかし一面これらの特急電車を無事にお守りし運転するには誠に惨澹《さんたん》たるものがあったことも、これまた計り知れない。山陽・九州の彼方《かなた》で疲れた体に鞭《むち》打って再び特急電車として働いてくれることだろうが、毎日電車区で顔を合わせていた人達にとっては苦心して育ててきただけに、どんなに淋《さび》しく切ないことであろうか。「去る者は日々にうとし」かつ、その特急電車も新しく登場した新幹線超特急に目を奪われて、生みの親の面影は次第に人々の脳裏から消え去ることであろう。これはなんとも淋しいことだ。

そこでなんとかして往時のことを永く記録にとどめておきたいという職員の切なる願いがこもって、この小冊子となった。したがって苦心談あり、また今にして思えば笑い話もある。しかしその一つ一つには情熱がこもっている。是非とも大切にして下さい。

Y・S

特急電車6年間の運用について

ある朝、出勤のため玄関に下り立った主人とその妻の会話。

「あなた、もう大分たつけどお小遣いは大丈夫？」

「うん、まだあるよ」

「あなた、この頃遣繰《やりくり》りが大変上手になったわね」

「そうさ、毎日役所に出るたびにこう『こだま』の遣繰りをやらされては、自分の財布の遣繰りもチヨットはうまくなるさ」

「子供の遣繰り？」

「子供じゃない、『こだま』だよ。まぁ我々としてはかわいい子供のようなものだがね」

「『こだま』？」

妻は怪訝《けげん》な顔をして夫を送りに出る。

昭和33年11月にビジネス特急「こだま」が走り出してから6年間、田町電車区において特急電車の運用を担当してきたが、今ここに東海道より姿を消す「こだま」を送り出すにあたり想い出されるのは、運用上では遣繰りに始まり遣繰りに終わったという観がある。

俗に言う、こだま形電車１５１系の配置両数１５１両のうち12両は常時定期の甲修繕のため工場に入場中であり、残り１３９両のうち１３２両が営業線上にあった。さらに残った7両のうち１両は例の静岡の事故によって使用不能となり完全に予備車として使用できるものは僅《わず》か6両、それも局部検査・修繕等の場合は代替車として使用しなくてはならず、したがって運用は甚《はなは》だ窮屈で、正常運用を保つには貧乏所帯と同じで遣繰り上手になり、女房から誉められるほどの技術が要求されたのであった。

6年の間には不測の故障・事故が発生し、やむを得ず異系列による代替編成を運転することも何回かあり、車両故障のため2M（上り「第1こだま」）～5M（下り「第2こだま」）を宮原区の153系12連で代用運転したときなどは「こだま」をもじった「かえだま」のニックネームが付けられる有様であった。「かえだま」運転中のときの我々車両保守担当者の気持は「火の玉」であり、できることなら自分の乏《とぼ》しい財布を抵当に入れてでも正規の代替車が欲しかった（少しオーバー）。

また、あるときは当日の2007M（下り「おおとり」）にて田町出庫予定車の交番検査時にクロのMG故障が発見され、修繕見込みは勿論《もちろん》のこと工場に入場してMGを取替えねばならないことが判明したが、工場にも予備MGが無くメーカ（東芝府中工場）にて修理中とのことであった。MGを開放のまま「おおとり」として出庫させるわけにもいかず（もし出庫させれば6日目の夜まで入庫しなくなる）、必然的に運休するかとの話が持ち上がったのであるが、昨日の夕方大井工場にクロが定期入場したことをフトそこで思い出した。

早速工場に電話をしたところまだクロが解体着手寸前であることが判明したので、直《ただ》ちに作業を中止してもらい関係各所に手配して臨電を仕立てて、そのクロを出場させ辛《かろ》うじて「おおとり」の出庫に間にあわすという、その間約2時間半の芸当をやってのけたこともあった。

芸当といえば電車区内だけでの芸当ならいざ知らず、東京駅にて僅か1時間の折返しの間にやはりクハの付替えをやってのけたこともあった。それは2M「第1こだま」がダンプカーとの接触による踏切障害事故に遭遇し、先頭車が破損したときのことであった。

「おおとり」充当のクハを午前中に交番検査を行い、品川～東京間を臨回電で運転、その臨回電の編成たるや前代未聞で、救援車の次に上り向きクハを中間連結器にて連結（こだま形の前頭部は自連のため）し、空気ホースもカプラーも不貫通のまま御理解ある本社の特認を得て運転したのであった。

そして東京駅にて上り電車の到着を待ち受けて永久連結を開放し、心配した本社・局員及び乗客等の「観衆」の見守るうちにクハの付替え作業を行った。やがて開放された破損車は直ちに先程の救援車に連結されて品川に回送、電車区員総動員にて修理を敢行、やっと「おおとり」の出庫に間に合わせることができ、また東京駅折返しの５Ｍ「第２こだま」も定時に発車できたのである。

昭和39年4月24日、２００１Ｍ「第1富士」が静岡構内踏切にてダンプカーと衝突し、先頭車クロ１５１-７をはじめ4号車までが破損し、クロ１５１-７にあっては廃車という過酷な悲しむべき運命にいたったのである。

当時としては新幹線の運転期日も本決まりとなり、やがて「こだま」が山陽・九州方面に転用されることも決定していたので、いまさらクロ１５１形を新製することもなかろうということで、たった1両増結用としてあったサロ１５０形を急遽《きゆうきよ》改造してクロに充当することとなった。

サロのクロ改造並びに破損車を入場修繕する約40日間、当電車区としては１Ｍ（下り「第1こだま」）～８Ｍ（上り「第２こだま」）の東京～大阪間１往復

を運休するか、または当時運転していた臨時特急「ひびき」用車両（１５７系）をこれに充当するよう当局に請願したが、一遍《いっぺん》電車区を巣立つと最大10日少なくとも1週間目の深夜でなければ我が家に帰ってこない放蕩《ほうとう》息子的な運用である特急電車においては、乗車券・特急券の発売や旅客扱い等に相当煩雑《はんざつ》な手配が要求されるので受け入れられず、40日のうち10日間は例の宮原区１５３系による「かえだま」運用とし、残り1ヶ月間は新潟特急「とき」用１６１系と混結することとなった。

やがて誕生したクロ１５０改造車は、クロ自慢の区分室・パーラー・サービスコーナーもなく、サロに運転室を取付けた定員もクロ１５１と異なる異端車で、運用使用本数11本のうちに１本だけこの車が使用された。

パーラー無し編成が出来たことにより該当予定電車は1ヶ月前に乗車券センタ・食堂関係箇所に通報しなければならなくなり、運用は事実上ニッチもサッチも融通できなくなってしまった。パーラー無し編成や１６１系との混結編成は丁度ニュースタイルトップモードの洋服を着て下駄を履いたようなものであり、鉄道マニア諸兄には絶好の写真材料となり「かえだま」とともに喜ばれたのである。

デビュー以来特急電車の運転については本社をはじめ局等関係箇所で最大限の努力が払われ、ダイヤの混乱したときなどは俳聖一茶の句の一部を寸借すると「そこのけ、そこのけ『こだま』が通る」の方式で、他の列車を犠牲にしても「こだま」の運用を正常に戻すことは絶対的で「こだま」自身としては怖いものはなかったが、当時は各線区とも自動車による踏切障害が相当多く、ただ一つダンプカーが怖かったのである。

以上は特急電車の運用を受け持ってからの苦労話の、ほんの氷山の一角にすぎないが、国鉄最初の特急電車であった「こだま」の運用効率・使用効率は有史以来ともに最上のものだったのではと自負するものである。

いま当電車区の庫2番線には本日の２００７Ｍ「おおとり」の最後の交番検査が行われているが、それもやがて終わり無事送り出して田町電車区とこだま形電車との絆も断たれるのである。

今後はいままでのようなアクロバット的な運用操作や遣繰りも一段落しホッとするのであるが、いまさらながら何かジーンと胸に込み上げてくるものを禁じ得ないのである。

「こだま」さようなら、より健《すこ》やかであれ。こだま万歳。

Y・A

天皇・皇后両陛下とこだま号

昭和38年9月17日、「第2富士」岡山～大阪間。パーラーカー区分室に天皇・皇后両陛下が御乗車になりました。これはこだま形電車が営業運転を開始して以来初めてのことであり、また一般乗客と御混乗になられたことも前例の無いことでありました。以下にそのときの模様を回想してみたいと思います。

前日の9月16日、御乗用編成となる特12編成に便乗して大阪入りしました。その夜は宮原電車区において仮設電話機等を設置していただき翌日の準備を整えました。

9月17日、この編成は「うずしお」として宇野駅まで下り、折返し運転となる「第2富士」の岡山

～大阪間に両陛下がご乗車になるので、我々検査掛《がかり》も電車と行動を共にしました。「うずしお」は途中神戸付近で中ユニットが一度ＯＬＲ動作しましたが以後は順調に運転を続けました。宇野駅到着までの時間を利用して御乗用車内の特別整備を行いました。

岡山駅に到着すると、乗込んできた岡山局客貨車課長より本日の運転についての指示を受けました。指示の一部を下記に示します。

1．御乗用車1両　車内放送は使用しない

2．〃　　　自動扉は使用しない

3．〃　　　御乗車後、車側扉は鎖錠する

等で、検査掛は後部運転台に1名、2号車所定の位置に1名と乗車位置が指定されました。宇野駅に到着し、折返し時間を利用して車両状態の再点検を行いました。

やがて12時40分、電車は宇野駅を定発し岡山駅へと向かいました。沿線の干拓地帯を右に見ながら岡山駅に定着しました。ホームに居並ぶお見送りの人波を見て全身が一瞬緊張しました。岡山駅長と岡山鉄道管理局長の先導のもとに両陛下が御乗車になり、13時17分に定時発車しました。

予め客貨車課長より指示のあったごとく発車後ただちに局長のもとに添乗の報告に行き、改めて局長の指示に従うこととしました。早速局長と同行して御乗用車の左右車側扉を鎖錠し、また電気的には左右戸閉ＮＦＢを開放しました。

区分室には両陛下がお出でになります、その間近で局長の指示を受けて作業をします。平素お召列車の添乗で、このような雰囲気になれているとはいえ、いささか手許《てもと》のふるえるのを禁じ得ませんでした。

作業終了後「三宮を出たら、また私のところへ来てくれ」と局長に言われ、2号車に戻って待機しました。

途中和気清麻呂公の像を左に見て、また風光明媚《ふうこうめいび》な三石付近の景色を車窓に見送りながら早秋の山陽路を快走しました。山間部を抜けて姫路駅に到着、歓迎の人波はホームにあふれています。電車はますます快調にひた走り、須磨・明石の海岸を右に見ながら三ノ宮駅に到着しました。

客扱い後定発、局長のもとに指示を受けに行きます。再び局長と同行、局長の指示のもとに今度は車側扉の解錠及びＮＦＢ投入を行いました。岡山発車以来電気的に切っておいたため、果たして大阪到着の際に車掌スイッチで何事も無く開けることが出来るか？　と心配になり、できることなら一度テストを行いたいと考えましたがそれは不可能……局長も同様なことを心配されてか「大阪に着いたら、私から見えるところにいてくれ。もしドアが開かなかったら合図をするから、そのときは急いで来てくれ」といわれた。

「よし、もしそのときはDコックを開いて手動で開けよう」と心に決め、やがて電車は15時27分大阪駅に到着しました。「うまく開いてくれ」と念じながら、局長から見えるところで待機していると、プシューとドアは何事も無かったかのように開きました。局長は私の方を見て「よし」とばかりうなずかれました。ヤレヤレ、ドアひとつ開けるのにこれほど気を使うとは……。

大任を果たした電車に今度は一般乗客が乗込み、15時30分東京に向かって発車します。東京まで6時間30分、飛行機では約1時間です。我々の乗った電車が大垣を通過するころ両陛下は東京にお着きになります。「さぁ後5時間で東京だ」つるべ落しの秋の夕暮れ、車窓には早くも夕暮れが迫《せま》り、夕餉の煙で家々の屋根が青白く霞《かす》んでいます。

沿線のネオンもひときわ鮮やかさを増し、「第2富士」は無事東京に到着しました。

局検作業の苦労話

K・Y

局検作業の苦労話を一つ書いてくれとの注文で生意気にペンをとったが、１５１系よサヨウナラを目前にしたこの頃では苦労したことや泣き言を言ったことが、愛着のせいかアバタもエクボに見えて何を書いて良いやらの心境である。

想い出話の冒頭から糞尿《ふんにょう》話で恐縮であるが、しばらくの間御辛抱《ごしんぼう》のほどをお願い申し上げます。皆さん御存知の黄金汚物が割ピン・割コッター類を腐食させたり、ネジ山部分・ピン類・摺動《しゅうどう》部を錆《さび》付かせて局検作業に限らず我々を苦しめたといっても過言ではない（チョイとオーバー）。

特に１５１系運転開始当初においては予備部品が皆無の状態であり、小部品の割ピン・割コッター類はともかく側引棒・軸箱控等の大物類となると取れない弛《ゆる》まないといって簡単に切断してオシャカにするわけにもいかず、あの手この手で騙《だま》すより手がなく、車体揚上までに１２０分を要したこともあった。生々しい黄金が台車・カップラー・幌《ほろ》等に付着し、これをボロ布等で拭き取ったり、竹箒《たけぼうき》で払い落とす作業のため特別班を組織した。

夏期にはクレゾール液で消毒したり、庫外で足回り関係を掃除したこともあったが、作業者から衛生屋ではないぞ、と苦情が出る始末に何とかならぬものかの毎日であった。

　汚物処理器が出来てから生の汚物はなくなり、消毒液で殺菌してある関係上「気は心」で気分的には楽になった。ところが処理器で粉砕された汚物は一挙に倍増し1両で石油缶2杯も出て、局検組で乾燥粉末肥料会社を設立しようと笑談も出るようになり、この頃では泣き言より笑って仕事をする方が多くなった。

　取外した部品が汚れ具合から判断して位置が分かり、あるときは台車を前後間違えて取付け荷重配分が崩れたが原因がどうしてもつかめず、皆で下心皿の異物介在だ、いや下側受調整枝の挿入違いだと論議中に、台車ワクの汚れ方が変だと気付いて振替っていることを発見、汚物もたまには良いこともあると苦笑せざるを得なかった。このようなエピソードもあり今日では馴《な》れからか糞尿何者ぞである。

　直接の作業関係では、当初の頃は旧車と新性能電車との差が月とスッポンほど違い、ユニット開放、組成テストを屋外で作業する困難。外幌《そとほろ》・内幌《うちほろ》が曲線では張力のためつながらず、入換線のことで構内運転関係者とのトラブル。主電動機口出線処理が床上に点検蓋がなく床下に垂直に付いたツナギ箱で泣かされたこと。主電動機分解・組立の際に絞出しボルト折損で仕事のうえに仕事を作り、また焼嵌《ば》めの失敗や焼嵌め用油に引火して火災寸前となり肝を冷やしたこと。台車揺枕装置のピン関係抜取り不能等……想い出せば数限りないが、あまりにも勝手が違う作業のために、現在にして思えばとんだナンセンスであるが、旧車の概念を全部捨てなければ新性能電車の作業は出来ないかも知れぬと本当に感じたこともあった。

作業関係も慣れない関係上、最初は失敗やら障害事故等もあったが、我々電車男として国鉄第1線の花形電車を守り抜く努力が上司の指導よろしきを得て、種々な難関を改修、改造、作業用工具の考案等で切抜け、今日まで151系をお守りしてきた。本年10月以降、我々の手からサヨウナラとなると、不足ではあるが責任を果たした喜びと同時に一抹の淋《さび》しさを感ずるのは私一人だけではないのではないか。糞尿で苦労をかけた「こだま」だが、反対に想い出深い「こだま」だった。

こだまよ、お前は腐っても鯛のこだまだぞ。その名の通りに呼べば答えてビジネス特急の役目を果たし、つばめの如く東海道を疾駆《しっく》し、富士の雄姿にも似てスマートな車体で人々の目を見晴らさせた151系電車だ。都落ちの悲運に泣くな、そして根性を持って走れ、関西にも我々の仲間が151系の来るのを待っているぞ。

頑張れ151系、達者でな。151系よさようなら。

特急「こだま」の想い出

Y・M

世紀の鉄道、新幹線の開業を目前に控えて現在試運転が盛んに行われ、その雄姿を見るたびに我が国鉄技術のハイレベルに誇りを感ずるとともに試運転その他開業準備に従事している方々のご苦労に感謝しています。

そして栄《は》えある開業の日を待ちわびている今日このごろですが、その半面現東海道本線で活躍を続け世間から親しまれている特急「こだま」の姿が消えていくことを考えると、「こだま」運転開始時に運転指導員として訓練にあたって以来、今日まで「こだま」とともに生活してきた小生にとって、否《いな》田町電車区員全員がそうであるように一抹の淋しさを感じています。10月1日を期して向日町運転所に送るにあたり、昭和33年「こだま」運転開始当時の想い出を記し餞《はなむけ》の言葉とします。

【二度目の見合い】

本社よりの説明書でこだま形の概略は分かっていたが、従来の電車の域を脱却したデラックスさで運転台は2階式、前頭は流線形であった。制御装置は当時中央線で活躍していたモハ90形と略《ほぼ》同じでも電動発電機・ユニットクーラ等の新装置についてはガリ勉をやり、検修の原君と宮原操車場に出張した。

構内に置いてあるという、そのこだま形を見るまでは胸を躍らせ、まるで見合いに行き彼女に初対面するような気持でした。会ってみるとなるほどスマートで、大勢の人が取り囲んでカメラに収めたり機器を調べたりしているのを見て感嘆するとともに、この女王のようなこだま形に敬服した次第です。ところがそれからが大変でした。

実はこの前年にモハ90形が誕生したときも関西に出張し近畿車輛で3日間講習を受けたのですが、今回は特別に講習がないのです。原君と説明書を抱えて電車を二回三回と回り勉強していたところ、偶々《たまたま》宮原区の指導員が（既に何回か勉強に来ているらしく）大変詳しく話しているのに出会い「これは大変、宮原の運転士に負けては」と先程の見合いの嬉しさが一度に吹飛んで「できるだけ勉強して帰らねば」とハッスルして勉強したわけです。

車の内外を一応勉強した後、構内試運転線でハンドル訓練がありました。当時はモハの制輪子《せいりんし》が鋳鉄のため、速度検出器を使用してこれらの動作を確認して珍しがったものでした。

【深夜の回送担当】

こだま形がいよいよ関西から田町区に回送してくる日がきました。これより前に私たちは既に沼津～浜松間の線路見学を終了しておきましたが、一人で便乗で静岡まで行き静岡機関区に泊り、深夜に運転してくることを命ぜられたときは、いくら宮原での見学の際に運転したとはいえ少し心細く指導助役を恨めしく思って出かけていきました。

しかし沼津まで運転してくると深夜のホームに指導助役が迎えに来ていたのです。「こんな時間に」と頭の下がる思いでした。朝方、田町電車区に着くと電車区員皆の驚嘆した顔がこだま形に注がれたときは、この車を運転してきて喜び以上に誇らしさを胸一杯に感じ、現在でも忘れられない想い出の一つであります。

【運転士の養成訓練】

こだま形が回着する以前に、先に選出された運転士も沼津～静岡間の線路見学を終了し、これを一組数名宛三組に分け日勤として各３日間講習することになりました。

第１日目は説明書による机上講習、第２日目は現車講習、第３日目は応急処置の短期間でしたが、前述のように意欲的で自発的に勉強（勤務中の者は出勤退区前後でも講習に参加した）してくれたので講習の進捗度は高いものでした。講習内容で特に力点を置いたのはＭＧの起動取扱いと交流２５０Ｖ・４４０Ｖ回路の取扱いで、応急処置ではＭＧ不良時の電源誘導方、１ユニット不動時の走行中の処置、空気ばねのパンク時の処置、重連取扱いでした。

その間、検修関係の整備・講習も順調に進み、平塚試運転をはじめ徐々に足を延ばし全線試運転となり、本格的試運転が始まりました。各人3〜4回のハンドル訓練で約1ヶ月名古屋通い（ただし安倍川橋上で大垣区と交代し、以後客席で便乗）が続いたわけです。朝5時頃出勤し退庁23時頃になりましたが、指導員も交代で良く頑張ったものだと現在でも想い出します。ハンドル訓練中は勿論定時運転方の研究も行われ、前後の便乗中は客室で記録を検討や車両の復習を行い、これは名古屋の休憩室でも行われたものでした。

その後訓練を重ね、気持ちも落着いてくると名古屋タワーに昇ったり街の見物に行ったりする余裕と楽しみが出てくるようになりました。

【初めての車両故障】

訓練運転中だったか営業運転開始後だったか記憶が判然としませんが、上り列車用宗《もちむね》付近で交代のため、運転士と運転席下で待機中機器室からバッバッと異音が発生、扉を開けてみるとMGの円弧が認められたので早速3相電源誘導の処置を完了しました、これが最初の車両故障でありました。

当時の静岡管内は架線電圧の変動が甚《はなは》だしく、これがため、こだま形の大容量MGのM側の整流作用を不良にし（他にも原因はあったが）往々MG焼損故障が発生しました。このため運転士のノッチ扱い特に4ノッチ投入には神経を使ってもらいました。

【各種基準書の作成】

特急運転も軌道に乗り気分的にも余裕が出てきたので、今まで都度《つど》印刷配布した資料や掲示板類を基礎にして各参考資料を整備することになり、応急処置基準、出庫点検の要領、基準運転方等を作成しました。

　折から小金井区長に転出された大塚滋氏から、新性能電車の故障処置集なる図書の出版に協力方の依頼があったのでタイミングよく原稿を送ったのですが、深い勉強をされている今の方々に読まれたらと思うと汗顔《かんがん》の至りで恥ずかしい思いがします。


【こだま形との別れに寄せて】


　こだま形の想い出は尽きません。営業運転開始当日の緊張と誇らしさの交錯した気持、名古屋宿泊所の管理の良さ、警戒添乗で便乗中に食堂ガールがサービスしてくれた紅茶の味……走馬灯のように後から後から目の前に浮かびますが、大分自慢話のようになったのでこの辺で止めます。

　とにかく、営業運転開始後電車区一丸となっての運転保守があればこそこだま形も名声を博し、昭和36年の白紙ダイヤ改正では「はと」「富士」「おおとり」が誕生し、田町電車区の黄金時代が築きあげられたのです。なお付言すると、こだま形運転に際し一番心配された踏切事故も当局の踏切対策が功を奏し、大きな事故もなく推移してまいったのですが、本年度初め静岡管内の大事故に遭遇したことは誠に残念であります。

　あと旬余《じゅんよ》にして山陽路に転出し、西日本の動脈の主役として活躍することになるこだま形との別れは、我が子との別れる思いがしますが、君の名は新幹線に受け継がれ我が国鉄史上に燦然《さんぜん》と輝くことと思います。こだま形の今後の健闘を祈って別れの言葉とします。

特急電車を送る私の気持

K・M

「御苦労さん」「5101T　マル　オーライ」

昭和33年11月1日。朝の特急「第1こだま」が田町電車区から出庫した瞬間の庫内本部と運転助役の連絡です。短いこの返事を自分自身の頭の中にこだまさせ、ふと私は思いました。電車界の先駆者として歩み続けてきた田町電車区の遠い昔を、また現実に自分が直面した感激の数々を……。

昭和5年の横須賀線電車化、25年の東海道本線電車化と田町電車区は電車運転の歴史を築いてきましたが、さらに大きくエポックを画す今、1ヶ月にわたる馴《な》らし運転、区全体の血みどろの闘いの結果が今や現実となり世紀の電車特急運転開始となったんだなぁ、と。万感こもごも各人の胸の中に渦巻いてはいるが、表面はいとも簡単な連絡応答を後に特急電車は静かに万歳の声もなく、ただ何事もなく走り続けてくれよと切なる願いを一杯に浴びながら静かに庫を出ていった。

あれから6年。その間、雪の関ヶ原で5本の下り特急が次々にユニット不動となり、あたかも特攻攻撃されながら倒れていって真徹で大阪と連絡した冬の寒い日の出来事を思い出しております。

名古屋機関区の当直さんは電車が初めてらしく話がなかなか通ぜず、解説付きで連絡しようやく故障状況を説明し手配してもらったことも電車運転が伸びていく過程の苦労の一つでした。今となっては笑ってすみますが、その都度頭に来て「なに、ユニットが分からない」とどなってもあちらさんは「ぬかにくぎ」で声を嗄《か》らしたのがくたびれもうけといったところでした。

東海道のダイヤと取組むこと5年。当時は老眼鏡の厄介にもならず、電車当直さんと一体となって混乱したダイヤの処理に張り切ったものでしたが、特急電車を送ることになって落胆を隠せない人生50年をこの３月で超えた私です。

　将来のある愛児にも似た、この車と別れる現実の前に白髪《しらが》も増えました。本当にこの子の離乳期までは世話をかけました。やっと丈夫になって幼稚園に元気で通い、来春の小学校入学を馬鹿な親は夢見ていた矢先に家庭の事情で遠い分家に送る気持、母親の気持にも似ております。元気で達者で怪我のないようにと、またいつかは会えるだろうと……こんな気持で送ります。

田町電車区主席助役

おわりに

　在来線電車特急は、このような多彩な数々のエピソードを綴《つづ》りながら新幹線電車にバトンを渡した。「こだま」の特異なスタイルは永遠に東海道を疾走することはないであろう。しかし日本人多年の宿願であった弾丸列車の母体となったその功績は永久に日本国有鉄道史の１頁《ぺーじ》に飾られることは必至である。東海道電車特急の運転は終わった。

　昭和39年10月１日を期して田町電車区は再び新しい性格に脱皮していくが、特急「こだま」に託した精進と情熱は永遠に電車区の伝統として残されることであろう。

エピローグ

神戸市兵庫区和田山通《わだやまどおり》2丁目、日本を代表する車両メーカの川崎車両神戸本社の一角にクリームと赤に塗られた電車がひっそりと保存されている。同社の前身である川崎車輌がこだま形の第1陣として製作し、昭和33（1958）年11月1日の営業運転初日に上り「第1こだま」の先頭に立ち、39（1964）年9月30日には星晃が下り「おおとり」のテールライトを東京駅で見送った車両である。

東海道で活躍していた当時の車両番号はクハ26001（昭和34〈1959〉年にクハ151-1に改番、山陽特急転進後の41〈1966〉年度にクハ181-1に改造）の番号が付けられていた栄光のトップナンバー車である。

昭和51（1976）年1月に廃車されたクハ181-1は川崎車両（当時は川崎重工業）に引き取られ、工場構内南側に保存されたが、海に近いこともあって経年とともに傷みが進んでいた。そのようななか、車両製造拠点のシンボルとして建設が進められた総合事務所前に移転することになった。その後、由緒ある大事な産業技術遺産なので修復する運びとなり、昭和33年11月の営業運転初日の姿に復元する方針が決まった。

断熱材として使用していたアスベストの除去、腐食した車体の修復、そして昭和33年11月当時の時代考証など多くの難関を乗り越えて、平成28（2016）年7月に復元がほぼ完成、覆いを外して「お披露目」された。総合事務所前に置かれたクハ26001は、その輝かしい歴史と技術力の語り部のようにたたずんでいる。

埼玉県さいたま市の鉄道博物館にはクハ181-45が保存されている。「とき」生え抜きの先頭車として昭和40（1965）年に誕生後、「よんぱち豪雪」を戦い、昭和57（1982）年11月の上越新幹線開業前日まで活躍を続けたクハ181-45は、保守を受け持っていた東日本旅客鉄道上沼垂《かみぬったり》運転区に保存され、上沼垂運転区員が手入れを続けていたが、平成19（2007）年10月に開館した鉄道博物館で保存されることになった。

こだま形のスタイルを受け継いだ交直両用の48

川崎車両に保存されているクハ26001（福原俊一）

5系特急形電車は昭和47（1972）年まで増備が続けられた。時代を感じさせない端正《たんせい》な形態は「ボンネットタイプ」の車両でも通称で親しまれたが、寄《よ》る年波《としなみ》には勝てず、平成23（2011）年に運転された貸切列車を最後に営業運転から撤退した。

　こだま形で実現した速度計、列車走行位置標示装置、シートラジオ、ビジネスデスク、自動ドアそして列車電話は、スクロールメッセージやハイテク技術を駆使した媒体に姿を代えたが、全国を駆けめぐるJR各社の特急列車にとって不可欠のサービス設備として受け継がれているのである。

「日本の鉄道には電車列車などの動力分散方式が適している」という固い信念と確たるコンセプトを持った指導者がいた。鉄道に深い愛着を持ち、鉄道旅行の良さを知悉《ちしつ》した設計者がいた。ビジネス特急の運転実現に向けて精魂傾けたシステム工学技術者がいた。戦後勃興《ぼっこう》した多くの新技術を具体化する研究者やメーカ・エンジニアがいた。そして「電車特急の成功は俺達にかかっている」と高い使命感に燃えて保守に従事した現場職員がいた。

　こういった「裏方」に支えられ、豊かさと希望に満ちあふれる明日があった日本と国鉄のベルエポック、昭和30年代という最高の晴れ舞台で、東海道の主役として活躍したこだま形電車は、日本の鉄道史上間違いなく最高峰に位置する名車なのである……。

あとがき

鉄道趣味のなかには車両の技術史や変遷を研究する領域があり、筆者は電車の発達史を研究対象とする愛好家の１人である。戦先進諸外国に負けない特急電車を作りあげようと、寝食を忘れて計画・設計・運転・保守に打ち込んだ技術者たちの熱い思いをまとめた拙作『ビジネス特急〈こだま〉を走らせた男たち』（ＪＴＢ刊）を平成15（２００３）年に上梓したが、すでに絶版となっている。おかげさまで河出書房新社より改訂新版を刊行する機会をいただき、前拙作を上梓した後に得られた知見を補筆・加筆したのが本書である。

ビジネス特急「こだま」が東海道で活躍したのは昭和33（１９５８）年から39（１９６４）年までの６年間であり、本書刊行時点でその時代を知る読者は60歳代後半以降ということになる。その時代を知らない世代の「鉄道に少し関心のある」各位に、こだま形電車の成功は１５０年の歴史を誇る日本の鉄道において、「汽車」を「電車」に変えるという一大イノベーションを成し遂げた、そしてその成功がなければ、新幹線も全国を走る電車特急もなかったと言っても過言ではない存在だったということを分かっていただければ、という思いでまとめたつもりである。

「電車と列車が同義語に扱われている時代から見ると、こだま形の誕生は当たり前のように思われるかもしれませんが、東海道電車特急を民営化後に入社した旅客会社の若手社員は電車列車が当たり前だと思っている。我々の苦労も昔話のようです」

と微苦笑しながら語られた齋藤雅男《さいとうまさお》さんの言葉ではないが、こだま形電車の産業技術史的な功績と携わった関係者の苦労の一端《いったん》を拙作から汲み取っていただければ幸いである。

拙作をまがりなりにも刊行できたのは、当時の思い出をお聞かせいただいた星晃《ほしあきら》・齋藤雅男・須田寛《すだひろし》氏はじめとする皆様、図版提供や取材協力をいただいた川崎車両・近畿車輛、鉄道総研のご支援をいただいた賜《たまもの》で、この場を借りて厚くお礼申し上げ、こだま形電車の産業技術史的な足跡をつづった物語の結びとしたい。

＊本書では、筆者が所蔵している故人の写真を掲載しました。ご遺族に連絡の取れない方もいらっしゃるので、ご遺族の方が本書をお読みになりましたら、編集部までご一報ください。

〈参考資料・参考文献 一覧〉

資料・文献名	発行年	発行
長距離高速電車説明書	1958	日本国有鉄道 車両設計事務所
長距離高速電車説明書増補改訂版	1960	同
161系特急形直流電車説明書	1962	同
九州乗入151系電車列車説明書	1964	同
181系特急形直流電車説明書	1965	同
交流電化調査員会 報告	1956.5	日本国有鉄道 交流電化調査委員会
東京大阪間特急電車運転計画について(案)	1957.10	日本国有鉄道 審議室・技師長室
特急「こだま」の実績について	1959.2	同
動力近代化調査委員会資料	1959.4	日本国有鉄道 動力近代化調査委員会
特急「こだま」1年間の回顧	1960.2	同
「つばめ」「こだま」の現状と問題点	1960.9	日本国有鉄道 運転局
『交通技術』	各号	交通協力会
『鉄道工場』	各号	交通資料社～レールウェー・システム・リサーチ
『電気車の科学』	各号	電気車研究会
『電　車』	各号	交友社
『JREA』	各号	日本鉄道技術協会
『車両技術』	各号	日本鉄道車両工業協会
「かわさき」(№26号)	1973.1	川崎重工業
国鉄電車発達史(新出 茂雄・弓削 進)	1959	電気車研究会
電車のアルバムI(星 晃・久保 敏)	1962	交友社
国鉄電化のあゆみ	1964	鉄道電化協会
国鉄(青木 塊三)	1964	新潮社
博多開業までの特急列車の推移	1974	日本国有鉄道 運転局列車課
動力近代化の歩みと成果	1976	日本国有鉄道
鉄道電化と電気鉄道のあゆみ	1978	鉄道電化協会
鉄道車両と設計技術	1980	大河出版
電気鉄道技術発達史	1983	鉄道電化協会
東海道・山陽新幹線二十年史	1985	日本国有鉄道 新幹線総局
回想の旅客車(星 晃)	1985	交友社
鉄道技術用語辞典(鉄道総研)	1997	丸善
驀進(斎藤 雅男)	1999	鉄道ジャーナル社
国鉄・JR列車名大事典(寺本 光照)	2001	中央書院
『鉄道ピクトリアル』	各号	電気車研究会
『鉄道ファン』	各号	交友社
『鉄道ジャーナル』	各号	鉄道ジャーナル社

＊本書は２００３年11月に刊行された『ビジネス特急〈こだま〉を走らせた男たち』（ＪＴＢ刊）に加筆して再編集したものです。

福原俊一　ふくはら・しゅんいち

1953年、東京生まれ。武蔵工業大学経営工学科卒業。電車発達史研究家。電車の技術史を体系だてて調査する車両研究をライフワークとし、昭和50年代から鉄道雑誌などに寄稿を続けている第一人者。関係者のモチーフや設計思想といった、公式資料や一次資料に記述されていない「活字に残しにくい領域」を後世に残すため、20年以上にわたって継続している聞き取り調査は、質量ともに他の追随を許さない。著書多数。

ビジネス特急こだま プロジェクト秘史

二〇二三年一〇月二〇日　初版印刷
二〇二三年一〇月三〇日　初版発行

著　者――福原俊一
企画・編集――株式会社夢の設計社
東京都新宿区早稲田鶴巻町五四三　郵便番号一六二‐〇〇四一
電話（〇三）三二六七‐七八五一（編集）
発行者――小野寺優
発行所――株式会社河出書房新社
東京都渋谷区千駄ヶ谷二‐三二‐二　郵便番号一五一‐〇〇五一
電話（〇三）三四〇四‐一二〇一（営業）
https://www.kawade.co.jp/
DTP――アルファヴィル
印刷・製本――中央精版印刷株式会社
Printed in Japan ISBN978-4-309-29345-5